Aldidente italiano

Susanne Fröhlich – Regina Schneider

Aldidente italiano

Schlemmerrezepte von Antipasti bis Zabaglione

Für Claudio und Scobelino

Alle Mengenangaben in diesem Buch sind für vier
Personen berechnet. Produkte, die es bei Aldi nicht
gibt, sind kursiv gedruckt.

3 4 5 6   03 02 01 00

© Eichborn Verlag AG,
Frankfurt am Main, März 2000
Lektorat: Oliver Thomas Domzalski
Redaktion: Tanja Reindel
Umschlaggestaltung: Uschi Heusel
Satz und Layout: Jeanne van Stuyvenberg
Druck und Bindung: WS Bookwell, Finnland
ISBN 3-8218-3559-1

Verlagsverzeichnis schickt gern:
Eichborn Verlag AG, Kaiserstr. 66,
D–60329 Frankfurt am Main
www.eichborn.de

Inhaltsverzeichnis

1 Der Calzonehintern

Berlino, 3. Juni, 40 Grad

72 kg, schlachtreif

Ciao Lucia,

geliebte Schwester, Berlin ist heißer als eine frische Calzone, und mein Hintern ähnelt immer mehr dem von Tante Maria. Eine fatale Kombination. Ich sehe schon Dein verdutztes Gesicht. Nein, ich habe nichts getrunken. Es ist nachmittags, und Du weißt doch, bis 18 Uhr trinke ich nie. Oder fast nie. Na ja, jedenfalls selten. Höchstens mal einen »Casanova«.

Was also hat eine Calzone mit meinem Hintern zu tun? Habe ich den Hintern durch zuviel Calzone? Oder ist er so breit wie eine Calzone?

Nein, ganz so leicht ist es nicht.

Weil es hier so heiß ist wie im Inneren einer ofenfrischen Calzone, sehne ich mich nach nichts mehr als dem Meer. Und weil es mit dem Meer hier so schwer ist, würde mir sogar das Schwimmbad reichen. Doch der Gedanke an mich und besonders meinen Hintern in Badebekleidung läßt mich schlicht erschaudern.

Ach Lucia, ich könnte heulen oder was trinken, obwohl ich das ja nachmittags, wie Du weißt, nicht tue. Erinnerst Du Dich eigentlich noch an meinen Bikini? Diesen niedlichen, mit den Blümchen und Schleifen zwischen den Brüsten? Der, der einen »so leckeren Busen macht«, wie Dein Gatte einmal bemerkte. Übrigens, warst Du damals echt beleidigt? Eigentlich ist dieses Kompliment ja eine Beleidigung. »Einen leckeren Busen machen!« Entweder man hat einen oder halt nicht. Die Frage stellt sich bei mir bald keiner mehr, denn mein Bikini steht kurz vor der Sprengung, und das Muster, das mit den kleinen bunten Blümchen, ist kaum mehr zu erkennen. Der Stoff muß solche Dehnungen hinnehmen, daß die Blümchen aussehen wie nach einem gentechnischen Großangriff und nur noch als gigantische verzerrte Teile zu erkennen sind. Ich höre schon Dein »Dann kauf Dir doch einen neuen« und antworte: Nein! Der Gedanke, einen Bikini in Größe 44 zu kaufen, ist geradezu obszön. Wie soll das erst werden, wenn ich mich tatsächlich mal vermehre? Mamma meint ganz cool, ich solle eben beginnen, Badeanzüge zu tragen. Frauen über 30 wären da sowieso besser drin aufgehoben. Ich dachte, man wäre im Seniorenwohnheim gut aufgehoben oder in Stützstrümpfen, aber in einem Badeanzug? Ist dann nicht alles Vorzeigbare verschwunden und der Hintern trotzdem noch dick?

Ich freue mich, in zwei Monaten endlich bei Mamma und Papà in Kalabrien zu sein, obwohl es sicher gut wäre, bis dahin neben einem knackigeren Po einen vorzeigbaren Kerl zu haben. Hast Du nichts für mich da unten in Bankenland? Einen großen strohblonden erfolgreichen Geldzähler, der auf nichts mehr versessen ist als auf eine kleine Süditalienerin mit dickem Hintern und prallen Schenkeln?

Bitte liefere schnell, wenn möglich versehen mit mehreren Portionen Eures legendären »Spaghetti Eis«.

Es küßt Dich, die Kinder und natürlich den Gatten

Tanti saluti, Küsse an alle, baci, baci
Deine Rosanna, die Bikinisprengerin

PS. Noch einmal zurück zur Calzone: Kennst Du das Gerücht, wie die Calzone erfunden wurde? •
Einem Pizzabäcker in Venedig ist seine frische Steinofenpizza auf die Fliesen geknallt, und er hat sie einfach zusammengefaltet und nochmal in den Ofen. Kam gut an.
PPS. Die Cantuccini bei Aldi sind sensationell billig und oberlecker. Habe gerade zwei Packungen weggeputzt. Wenn Deine Zähne sie pur nicht mehr vertragen, tunke sie in Amaretto.

Gelato con fragole

(Spaghetti-Eis mit Erdbeeren)

500 g Erdbeeren
500 g Vanille-Eis
1/2 Tafel weiße Schokolade

Erdbeeren waschen, entstielen und im Mixer pürieren. Das Vanille-Eis portionsweise durch den Spätzle-Sepp auf Teller drücken. Erdbeerpüree darübergeben und mit weißen Schokoladenraspeln garnieren.

Tip: Reines Vanille-Eis (Aldi) läßt sich mit Likör aromatisieren (Amaretto, Pfirsichlikör, Rum, Eierlikör) oder mit frischem Fruchtpüree verfeinern.

Summa summarum: 6,50 Mark

Casanova

1 Eigelb
2 TL Zucker
4 cl Brandy (1 großes Schnapsglas)
10 cl Port
10 cl Milch 3,5%
2 cl Sahne (1 kleines Schnapsglas)
4 Eiswürfel
Muskatnuß

Im Shaker oder Schüttelbecher alle Zutaten so lange kräftig schütteln, bis sich der Zucker aufgelöst hat. In zwei Gläser abgießen und mit einer Prise frisch geriebener Muskatnuß würzen.

Summa summarum: 5,20 Mark

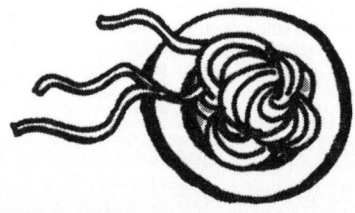

Crespelle con prosciutto di Parma

(Pfannkuchen mit Parmaschinken)

3 frische Eier

4 EL Weizenmehl Type 405

200 ml Milch 3,5%

4 EL Schmand

3 EL Olivenöl extra vergine

Salz

12 Scheiben Prosciutto di Parma

schwarzer Pfeffer aus der Mühle

1 Bund glatte Petersilie

36 Zahnstocher

Das Mehl mit den Eiern und der Milch zu einem glatten Teig verrühren und 10 Minuten stehenlassen. Olivenöl in der Pfanne heiß werden lassen und aus dem Teig drei Pfannkuchen goldbraun ausbacken. Die Pfannkuchen jeweils einseitig mit Schmand bestreichen, salzen und pfeffern. Petersilie waschen, zupfen und mit Haushaltspapier trockentupfen. Pfannkuchen mit Petersilie und Parmaschinken belegen, in jeweils 12 Tortenstücke schneiden und von der breiten Seite her aufrollen. Mit Zahnstochern feststecken und auf einem großen Teller anrichten. (Ergibt 36 Stück.)

Tip: Natürlich kann man Crespelle, also Pfannkuchen, auch in toto vertilgen. Das macht weniger Arbeit, sieht aber nicht so appetitlich aus!

Dazu paßt: Gut gekühlter Weißwein wie Gavi aus dem Piemont, hat 11% Alkohol, schmeckt gut und törnt für eine Flasche unter 5 Mark recht gut an!

Summa summarum: 12,50 Mark mit Weißwein

2 Das Fett

Francoforte, 20. Juni, piove

Unter ungünstigem Saturn-Einfluß

Ciao Rosanna, bella!

Du hast in drei Tagen Geburtstag! Allora, bald schon 33 Jahre und immer noch keinen abgekriegt! »Stellina«, jetzt wird es aber wirklich mal Zeit!!

Zunächst aber mal danke für Deinen Brief. Ich sehe, Du kommst ganz auf Tante Julia raus. Sie hatte auch mit 50 noch keinen Mann, und heute ist sie dick wie ein Panettone! Für Tante Julia ist der Kampf gelaufen. Du hast noch eine zarte Chance, wenn Du endlich anfängst, Dich am Riemen zu reißen!

Wie oft habe ich Dir schon gesagt: Fett macht fett, und das nicht nur hinten. Was glaubst Du wohl, woher Deine betörende Oberweite kommt? Mach Dir nichts vor: reinstes Fett! Aber ein fettiger Lollobrigida-Busen allein macht noch keine Ehe, wie Du nun wohl endlich merkst. So dumm sind noch nicht mal die Männer!

Bitte werde also endlich vernünftig und mache unserer Familie keine Schande mehr. Du bist nicht mehr die Jüngste. Und trotzdem keinen an der Seite! Wo soll das enden?? Ich kann mir nicht vorstellen, daß in der ganzen Hauptstadt niemand zu finden wäre. Wenn Du mich fragst, Du bist einfach zu wählerisch. Ich sage immer: Besser mit fünfzig Prozent an einer guten Sache beteiligt als mit hundert Prozent an einer schlechten. Den strohblonden Banker kannst Du Dir aus dem Kopf schlagen. Die welken doch mit vierzig ab wie die Friedhofsnelken. Ein kräftiger, gepflegter Milanese wäre für Dich genau der Richtige. (Meint Mamma übrigens auch.)

Verkehrst Du denn in den richtigen Kreisen? Das kann doch nicht so schwer sein. Meinen Mauro habe ich auf einer italienischen Folkloreparty aufgegabelt. Bei Euch in Berlin müßte es diese Gruppen doch auch geben, oder? Geh hin. Lasse nichts unversucht.

Noch mal zurück zu Deinem Hintern:

Wieso bist Du zu dick? Das kommt doch alles nur von diesen vielen kleinen Häppchen, vom Alkohol und ... von Berlin! Glaub mir. Madonna mia! Das ist die gerechte Strafe für Kinder, die extra weit weg von ihrer famiglia ziehen. Aber du willst ja immer alles anders machen als die anderen. Komm zurück zu Deiner Familie, das sagt Mamma zwar auch, aber glaub mir: Wo sie recht hat, hat sie recht. Ich würde wieder für Dich kochen, und Du wirst sehen, alles wird gut. Mit drei anständigen Mahlzeiten pro Tag paßt auch Du wieder in die alten Sachen. Probier auf alle Fälle mal »Carpaccio alle verdure«.

Kauf dir, solange Du untenrum so genudelt aussiehst, einen flotten dunklen Badeanzug (schwarz macht schlank). Übrigens, wenn Du endlich schwanger wärst, wärst Du glücklich und zufrieden mit Deinen Pfunden. Aber genug der Schwesternschelte.

Du kannst Dir nicht vorstellen, was hier los ist: Mauro ist complettamente ausgeflippt. Er hat uns alle dazu verdonnert, die Gäste in lächerlichen weißen Kittelschürzen zu bedienen, damit sie den Eindruck haben, bei uns sei alles molto igienico. Und das mir, wo ich doch eh putze wie ein Teufel. Wir sehen aus wie Pinguine. Du müßtest den armen Massimo sehen, er schämt sich zu Tode, wenn nachmittags seine Gang auftaucht. Wenn Papà das erfährt, kriegt er einen Herzkasper! Von mir haben die Leute bisher immer alles gern genommen. Auch ohne Angst vor Bazillen und Mikroben, da hat sich noch niemand beschwert. Nicht mal Oma Rink, die ihrem verhaltensgestörten Hund immer drei Bällchen Stracciatella gibt. Vielleicht kannst Du noch mal mit Mauro reden.

Den Ferragosta können wir dieses Jahr vergessen, wir bleiben hier. Das Geschäft verlangt es. Die Kinder sind schon ziemlich sauer. Kannst Du nicht Massimo mit zu den Eltern nehmen?

Baci, baci,
Tua sorella Lucia

PS. Mach bitte ordentlich sauber, bevor Du jemanden zu Dir nach Hause einlädst. Du bist eine Fortunato, vergiß das nicht!! Und koch ihm, sollte wirklich mal einer kommen, die »Kalabresische Liebessuppe«, damit er ordentlich in Fahrt gerät. Das Rezept lege ich Dir bei.

PPS. Oma Rink hat heute für Rambo, so heißt der verhaltensgestörte Hund, erstmals seit acht Jahren eine Kugel Erdbeer genommen!

Der Hund hat sich nur geschüttelt und das Eis konsequent ausgespuckt. Dann hat er mit den Pfoten so lange an unserer Thekenscheibe gescharrt und gejault, bis ich Stracciatella rausgerückt habe. Da sag noch einer, Tiere hätten keinen Geschmack. Unser Stracciatella ist aber auch wirklich sensationell!!!

Carpaccio alle verdure

(Gemüse-Carpaccio)

300 g frisches Gemüse (Gurke, Fenchel, Zucchini, Stangensellerie)

100 g Champignons

3-4 EL Olivenöl extra vergine

Für die Sauce:

3-4 EL Zitronensaft

1 TL Balsamico-Essig

1/2 TL Salz

schwarzer Pfeffer aus der Mühle

100 g Parmesan am Stück

2 EL gehackte Petersilie

Das Gemüse waschen, putzen und in hauchdünne Scheiben schneiden. Auf vier Teller verteilen. Champignons putzen und Stiele entfernen. In Scheiben schneiden und in wenig Olivenöl in der Pfanne kurz dämpfen. Für die Sauce den Zitronensaft mit dem Balsamico-Essig verrühren, mit Salz und Pfeffer abschmecken, dann über das Gemüse verteilen und zugedeckt 1/2 Stunde ziehen

lassen. Den Parmesan mit dem Spargelschäler in dünne Locken schneiden und locker über die Teller verteilen. Vor dem Servieren Petersilie über das Carpaccio geben.

Summa summarum: 7,80 Mark

Zuppa d'amore calabrese

(Kalabresische Liebessuppe)

1/2 l Gemüsebrühe (Instant)

1 Beutel Reis

3 EL geriebenen Parmesan oder Emmentaler

frisch geriebene Muskatnuß

3 Eigelb

1 Prise Salz

1 TL Schnittlauch, kleingeschnitten

Die Gemüsebrühe zum Kochen bringen und den Reis hineingeben. Ca. 20 Minuten langsam köcheln lassen, bis der Reis gar ist. In einer Suppenterrine inzwischen 3 Eigelb mit dem Schneebesen aufschlagen, den geriebenen Käse und eine Messerspitze frisch geriebene Muskatnuß dazugeben. Leicht salzen und vermengen. Sowie der Reis gar ist, die Brühe unter ständigem Rühren langsam zu der Eier-Käse-Masse hinzufügen, den Reis dazugeben und zum Schluß mit Schnittlauch garnieren.

Tip: Muskatnuß ist ein heftiges Aphrodisiakum! Wohldosiert tut es seine Dienste, zuviel wäre eher schädlich! Deswegen sparsam verwenden, Wirkung abwarten oder nachhelfen!

Summa summarum: 3,50 Mark

3 Der Mann zum Nachtisch

Berlino, 4. Juli, 23 Grad, wolkig

71,5 kg (1 Pfund abgenommen!! Juhu!)

Ciao Lucia,

danke für Deine fürsorglichen Geburtstagsgeschenke. Besonders die Cellulitiscreme. Sehr originell, meine Liebe.

Auch für den Vergleich mit Tante Julia herzlichen Dank. Wie aufbauend! Ein Arsch wie ein Panettone. Unglaublich! Andererseits, was kann ich von Dir als meiner großen Schwester schon erwarten? Was verstehst Du schon von Pädagogik? Hat Dir noch niemand gesagt, daß Ermunterung mehr Ansporn bietet als komplette Frustration?!

Trotzdem die Frage: Hatte Tante Julia eigentlich erst den Panettone-Po und deshalb keinen Mann, oder war da erst kein Mann und dann der Frustfraß und der Hintern? So oder so möchte ich, ehrlich gesagt, keinesfalls wie sie enden. Ein Pfund ist ja nun auch schon weg. Hat mich aber noch niemand drauf angesprochen. Deine Analyse zum Thema Fett leuchtet mir schmerzlich ein. Fett macht fett. Aber macht Fett nicht auch glücklich? Können wir mit unserer Herkunft überhaupt fettfrei essen? Ist das kompatibel? Gibt es Pasta senza Fett? Sugo senza Fett? Wie koche ich ohne Fett? Was soll ich mir aufs Brot schmieren? Was in die Pfanne tun? Braucht der Körper nicht auch Fett? Wegen der Geschmeidigkeit? Gibt es nicht auch gute Fette, oder sind alle böse? Lese ich zuwenig Frauenzeitschriften und stelle deshalb so bescheuerte Fragen?

Nur noch eine, eine ganz elementare: Hat Alkohol eigentlich Fett?

Aber zu Deiner Frage: Klar nehme ich Deinen Filius Massimo mit zu Mamma und Papà in den Urlaub. Nichts lieber als das. Du weißt, ich liebe blutjunge Kerle. Noch dazu, wenn sie so lecker aussehen wie mein großer Neffe. Und sind diese Modelle nicht garantiert fettfrei?

Keine Panik, Lucia, war ein Witz! Aber vielleicht könnte er zwei, drei seiner attraktivsten, ebenso fettfreien Freunde mitnehmen? Einfach nur um seiner Tante im Urlaub eine klitzekleine Freude zu machen. Wenn möglich mit Waschbrettvorderseite und schweigsam.

Lucia, ich scherze nur!!

Mein Gott, Lucia, Du mußt meine Phantasien verstehen. Du hast Kinder, die wahrscheinlich in kürzester Zeit ein aufregenderes Sexleben haben werden als ihre rasant alternde Tante.

Apropos Sex: Ich habe eine Verabredung mit diesem neuen Referendar an unserer Schule. Volker Grützke. Er kommt Ende der Woche zu mir zum Essen. Panik!!!! Wenn die Männer erst bemerken, daß ich Italienerin bin, wollen sie immer nur noch eines, und das ist Essen! Ich habe es wieder nicht geschafft, ihn darüber aufzuklären, daß Kochen bei uns nicht in den Genen liegt und ich an sich lieber andere kochen lasse. Du verstehst, worauf ich hinaus will: Ich brauche Deine Hilfe!! Per favore!! Ein »Liebesmenü« in mehreren Gängen, aber nicht troppo difficile. Und auf keinen Fall so, daß ich meinen Dispo sprenge. Aber beeindruckend sollte es schon sein. Bißchen Pasta, bißchen Fleisch und bißchen Nachtisch. So daß er dann noch Appetit auf den eigentlichen Nachtisch hat. Ich höre schon Deinen Einwand: Nie am ersten Abend. Lucia, ich bin nun, wie Du weißt, 33 und kann nicht mehr ewig warten. Außerdem sind im Seniorenheim die Männer oft Mangelware, und in meinem Alter warst Du schon mehrfache Mutter! Hattest also, bei 2 Kindern, mindestens zweimal Sex. Und lieber schnell testen, statt nach Wochen der verzehrenden Warterei merken, daß er es nicht bringt. Ob das total abgebrüht oder einfach nur schlau ist, überlasse ich Dir. Kann ich eigentlich auch vorkochen und schon mal was einfrieren für den nächsten Versuch? Wenn Du mir keinen Mann auftreibst, muß ich mich halt so durchwurschteln! Es soll ja nicht heißen, ich würde mich nicht bemühen.

Ach, eine Neuigkeit noch: Frau Kranacher, eine in Deinem Alter aus meiner Step-Gruppe, läßt sich demnächst die Reiterhosen absaugen. 5000, und die Fettfrage ist dauerhaft geklärt. Fantastico, oder? Ich werde mir das Ganze in der Umkleide genau angucken und Dir dann berichten.

Baci, baci,
Tua sorella Rosanna

PS. Volker, der Nachtisch-Referendar, sieht ein bißchen aus wie Eros Ramazotti!!
PPS. Muß die Kranacher fragen, ob es viel mehr kostet, den Po gleich mit zu machen.

Das Liebesmenü (scharf)

- Prosciutto e melone
  (Melone mit Parmaschinken)
- Agnello focoso (Feurige Lammsteaks)
- Pesche ripiene agli amaretti
  (Pfirsiche mit Amarettifüllung)

Prosciutto e melone

(Melone mit Parmaschinken)
1 reife Honigmelone
8 Scheiben Parmaschinken oder rohen Schinken
schwarzer Pfeffer aus der Mühle

Melone quer durchschneiden und mit einem Löffel die Kerne entfernen. Jede Hälfte in jeweils vier Segmente schneiden und auf einer Platte anrichten. Mit Pfeffer bestreuen. Den Schinken über die Melonenschnitze drapieren und im Eisschrank kühl stellen.

Agnello focoso

(Lammsteaks mit Chilischoten)

4 Lammsteaks (tiefgekühlt)
2 EL Olivenöl extra vergine
2 frische rote Chilischoten
3 Knoblauchzehen
Salz
schwarzer Pfeffer aus der Mühle
2-3 unbehandelte Zitronen

Die Lammsteaks auftauen und die Marinade abspülen (schmeckt nicht). Mit Haushaltspapier trockentupfen. Die Chilischoten waschen, Kerne entfernen und fein schneiden. Knoblauch schälen und fein hacken. Beides im heißen Olivenöl anbraten. Anschließend die Steaks in die Pfanne geben und auf jeder Seite etwa zwei Minuten braten. Mit Salz und Pfeffer würzen und mit Zitronenscheiben garnieren.

Pesche ripiene agli amaretti

(Pfirsiche mit Amaretti-Füllung)

1/8 l trockener Weißwein (Gavi oder Orvieto)
100 g Zucker
6 reife Pfirsiche
12 Amaretti-Kekse oder Cantuccini, zermahlen
1 Eigelb
1/4 l Sahne

Wein und Zucker in einen flachen Topf geben und ca. fünf Minuten kochen lassen, bis ein Sirup entsteht. Pfirsiche kurz in heißem Wasser brühen, schälen, halbieren und die Kerne entfernen. Ca. fünf Minuten im Sirup simmern lassen, mit einem Schaumlöffel herausnehmen und abkühlen lassen. Amaretti-Brösel, Eigelb und 4 EL Sahne zu einer nicht zu lockeren Masse vermengen. Die Pfirsichhälften mit Hilfe eines kleinen Löffels füllen und den Sirup darüber gießen. Den Rest der Sahne schlagen und auf den gefüllten Pfirsichen verteilen.

Tip: Wer sich von diesen Götterspeisen nicht weichkochen läßt, sollte einen Arzt aufsuchen!

Dazu paßt: Zum Auftakt einen eiskalten Bellini-Cocktail (S. 76), gefolgt von kräftigem Chianti (DOCG) und zum Schluß natürlich: Caffè Corretto (Espresso mit Zucker und viel Grappa), dann kann nichts mehr schief gehen.

Summa summarum: 45 Mark mit Getränken

4 Der Ölzerstäuber

Francoforte, 15. Juli, piove

Aszendent steht quer im Mars

Carissima Rosanna,

danke für Deinen letzten Brief. Mamma mia, wer ist denn Volker Grützke?? Ist er reich, rasant oder eine Deiner Romanzen mit Verfallsdatum »übermorgen«? Hast Du einen »buona forchetta«, also einen guten Esser eingeladen, oder ist das wieder so ein schmales Hemd? Bitte mehr Details, damit ich mir ein Bild machen kann von Deinem Nach-tisch-Ramazotti, den Du Dir da geangelt hast. Ist es am Ende tatsächlich etwas Ernstes? Egal: Über Dein Hinterteil solltest Du Dir in jedem Fall Gedanken machen, denn wenn Du verfettest, dann liegt das weder an der famiglia noch an der pasta!!

Wären es meine leckeren »fusilli all'arrabiata«, wir wären alle schon zu Giga-

Monstern mutiert. Wahrscheinlich übertreibst Du es mit dem Olivenöl, wie alle, die denken, Olivenöl sei gesund und mehr davon noch gesünder. Leider falsch. Richtig viel Öl braucht nur Mauros alter Lancia, den er aufmotzt, als sei es ein Ferrari. Aber, bitte merken, in der Küche sind Ölkannen tabu. Kipp das Fett auch nicht einfach aus der Flasche ins Essen, sondern sprühe es. Kauf Dir dazu – noch heute! – einen von diesen wunderbaren grünen Wasserzerstäubern aus Plastik, mit denen man die Pflanzen besprengt, und füll gutes Olivenöl (extra vergine) hinein. Sprenge beziehungsweise sprühe einen Hauch in Töpfe oder Pfannen, und Du sparst Fett ohne Ende. Genialer Trick, gell?

Wenn Deine neue Eroberung Grützke (ein merkwürdiger Name – wo kommt der wohl her?) zum Essen antritt, dann serviere ihm eine schöne »Spaghetti alla carbonara«, einen Cocktail zum Auflockern und was Süßes wie »Baci D'Angelo«, wenn Du Panik vor dem Gala-Essen hast! Pasta und süß, das

mögen Männer immer! Dafür garantiere ich. Und stell noch ein paar Blumen und natürlich Kerzen auf den Tisch. Ich bin schon ganz aufgeregt, ob alles klappt. Melde Dich sofort, damit ich wieder ruhig schlafen kann.

Ciao bella, bleib dran
Lucia, molto nervosa

PS. Massimo läßt grüßen und freut sich auf die Ferien!! Kann er Paolo und Tino mitbringen??

Fusilli all'arrabbiata

(Spiralnudeln – scharf)

400 g Fusilli oder Hartweizennudeln

1 Zwiebel

2 Knoblauchzehen

1-2 Peperoncini (scharfe, kleine

Pfefferschoten)

750 g Tomaten

1/2 TL Salz

schwarzer Pfeffer aus der Mühle

1 Topf Petersilie

Oregano, frisch oder getrocknet

50 g *Pecorino* (oder geriebener Emmentaler)

Fusilli in ausreichend Salzwasser (3-4 l) al dente kochen. In der Zwischenzeit die Zwiebel und den Knoblauch schälen, kleinhacken und zusammen mit den gewaschenen und in Streifen geschnittenen Peperoncini im Olivenöl anbraten. Tomaten mit heißem Wasser übergießen, schälen, würfeln und 10 Minuten mitdämpfen. Mit Salz, Pfeffer und gewaschener, gezupfter und gehackter Petersilie würzen. Einige gewaschene Oreganoblätter dazugeben. Nun die heißen Nudeln dazugeben und auf Teller verteilen. Geriebenen Käse darüber streuen.

Tip: Natürlich gibt's bei Aldi auch fertige Pasta-Spezialitäten! Für den Notfall eine Packung in der Vorratskammer schadet nicht! Allerdings nicht die mit der Kräuter-Sahne-Sauce, die schmeckt scheußlich!

Dazu paßt: Chianti, DOCG, Italia.

Summa summarum: 12,90 Mark mit Wein

Spaghetti alla carbonara

(Spaghetti mit Eiern und Speck)

400 g Hartweizen-Spaghetti

150 g Gelderländer Delikateß-Bauchspeck

2 Knoblauchzehen

1 EL Olivenöl extra vergine

4 frische Eier

125 ml Sahne

schwarzer Pfeffer aus der Mühle

50 g geriebener Parmesan

Speck in kleine Würfel schneiden, Knoblauchzehen schälen und hacken. Olivenöl in einer großen Pfanne erhitzen und nacheinander Knoblauch und Speckwürfel hineingeben und knusprig braun braten. Beiseite stellen. Inzwischen Spaghetti in ausreichend kochendem Wasser (3-4 l) al dente kochen (ca. 7 Minuten). In einer Schüssel Eier und Sahne kräftig verquirlen, mit Salz und Pfeffer würzen, Parmesan hineinstreuen. Pfanne wieder aufs Feuer stellen, die Speck-Knoblauch-Mischung kurz erwärmen und mit den abgeschütteten Spaghetti vermengen. Pfanne vom Herd nehmen und die Sahne-Eier-Mischung dazugeben, rasch wenden und sofort servieren.

Tip: Achtung! Die Eier-Sahne-Mischung darf nicht stocken, sonst wird aus dem Italo-Klassiker rasch eine unansehnliche Eierpampe von zweifelhaftem Geschmack!

Dazu paßt: Kräftiger Chianti, DOCG, Italia

Summa summarum: 12,50 Mark inklusive Vino rosso

Baci d'angelo
(Vanille-Eis mit Kirschlikör)

4 große Kugeln Vanilleeis

4 Tassen starker schwarzer Kaffee

steifgeschlagene Sahne

4 cl Kirschlikör (2 Schnapsgläser)

Eis in große Gläser geben, mit Kaffee übergießen und die Sahne als Haube aufsetzen. Kirschlikör darübergießen.

Tip: Mit Amaretto oder Eierlikör schmecken die »Engelsküsse« genauso gut. Langstielige Löffel und Trinkhalme nicht vergessen!

Summa summarum: 4,50 Mark

5 Die wandelnde Problemzone

Berlino, 31. Juli, 27 Grad, schwülheiß,

riesen Deoverschleiß

72,5 kg (Katastrophenstimmung)

Ciao Lucia,

bei Euch ist demnächst IAA und hier bei mir AA: Arsch-Alarm. Und zwar der höchsten Stufe!

Aber der Reihe nach: Gestern abend bin ich mit Volker Grützke, Du weißt schon, dem Nachtisch-Ramazotti, unterwegs gewesen. Übrigens schon das vierte Mal! Es läßt sich also nicht schlecht an. Obwohl ich ihn jedes Mal davon abhalten muß, bei mir zu essen. Sein ewiges »Laß uns zu dir gehen, meine Liebe«, heißt leider nicht mehr als »Koch mir was«. Nach Deinem fabelhaften Menü kein Wunder. Dicker Schwesterndank.

Wo sein Name herkommt, weiß ich nicht, aber unter uns, ich habe das starke Gefühl, daß Volker Grützke kein italienischer Name ist. Sorella mia, keine Panik, ich stehe noch nicht vor der Frage, seinen Namen anzunehmen. Um ehrlich zu sein: Er hat sich überhaupt noch nicht erklärt. Waren das noch Zeiten, als die Jungs klipp und klar gefragt haben: »Willst du mit mir gehen?«, und dann hat man ja oder nein gesagt, und die Sache war geritzt. Wann weiß man heute, ob was Richtiges läuft oder pure Lust oder, schlimmer noch, Langeweile die Ursache für alles war: »Ach, weißt du, das mit uns war nur, weil es nichts Gescheites im Fernsehen gab...«? Bei Grützke könnte es auch der schnöde Hunger sein. Will der Referendar nur mal wieder ordentlich essen, oder ist das vierte Treffen ein Garant für eine aussichtsreiche Beziehung? Liebt er mich eventuell? Bisher kam diesbezüglich kein Wort über seine Lippen. Nicht mal das klitzekleinste Bekenntnis. Kein »Ich mag Dich« oder »Du bist mir so sympathisch« oder was man halt so sagt. Männer tun sich damit ja generell schwer. Sprechhemmung. Die gehen Grützke beim Essen allerdings komplett ab. Die Hemmungen. Nachtisch-Ramazotti ißt, und mein Hintern wächst ins Unermeßliche. Wo stecken diese Kerle das hin? Löffel ich oben Tiramisu rein, hüpft es ohne Umwege auf die Hüftchen. Verbrennen Männer anders? Brauchen sie dafür soviel Energie, daß sie keine Kraft mehr für Liebesschwüre haben? Gibt es da einen Zusammenhang?

Noch mal zurück zum Arsch-Alarm. Also, Grützke und ich im Restaurant. Dem kleinen Italiener rechts vom Reichstag. Du weißt schon, der Laden von Giuseppes Großneffen. Ziemlich preiswert da und trotzdem lecker. Ich glaube, er macht fast die beste Pizza auf dieser Spreeseite. Vor allem die mit allem. »Pizza la bomba«. Deinen Öltrick mit dem Pflanzenzerstäuber kennen sie allerdings noch nicht. Ich sprühe ja nur noch. Ich bin eine bekennende Sprüherin. Ölgraffiti. Ich glaube, damit könntest Du richtig Asche machen, Kurse geben für die kreative Hausfrau: »Leben Sie Ihre Phantasien in der Pfanne aus«. Müßte man auch mit Butter machen können!!! Aber Butter ist für mich eh von dieser Welt verschwunden. Denn das, was ich Dir schon die ganze Zeit sagen will, ist das, was mir im Lokal von Giuseppes Großneffen passiert ist. Die Peinlichkeit schlechthin. Ich wollte, als ich während des Essens Frau Kranacher, die mit den Reiterhosen aus meinem Step-Kurs, entdeckte, aufspringen, um sie zu begrüßen. Und dabei natürlich auch gucken, ob sich das mit den Reiterhosen schon erledigt hat. Du weißt, sie wollte unters Messer. Ich springe also auf, und was hängt an mir? Genauer gesagt an meinem Po? Der Stuhl, auf dem ich eben noch gesessen habe. Ich habe einen dermaßen fetten Hintern, daß Stühle an ihm haften bleiben. Er hat sich in dem Stuhl verkeilt. Das ganze Lokal hat gestarrt. Und gelacht. Diese Schmach! Nie mehr kann ich hier essen. Nie mehr diese herrliche fettige Pizza mit allem genießen. Wenn Grützke das in der Schule erzählt, bin ich gesellschaftlich ruiniert. Er hat mich in der Hand. Frau Kranachers Reiterhosen werden übrigens erst in den Ferien gerichtet. Sie hat noch mal eindringlich an mich appelliert, mitzukommen und meine Problemzonen zu richten. Dabei hat sie mich so merkwürdig mitleidig gemustert. Von Kopf bis Fuß. Ich bin eine einzige wandelnde Problemzone.

Hoffe auf Trost und Hilfe, die Ölsprüherin
Baci, baci, Rosanna

PS. Kann man Pizza auch selbst machen?
PPS. Natürlich nehme ich Massimo und seine Freunde mit im Zug nach Hause zu Mamma und Papà. Reserviere bitte zwei Plätze für mich ...
PPPS. Die Stühle bei Giuseppes Großneffen sind aber auch besonders eng. Wirklich.

Pizza la bomba

(Pizza mit allem, was so da ist)

400 g Weizenmehl Type 405

1 Päckchen Trockenhefe

1/4 l lauwarmes Wasser

1/2 TL Salz

3 EL Olivenöl extra vergine

Für den Belag:

1 große Dose geschälte Tomaten

1 frische grüne Paprika

1 kleine Dose Thunfisch in Stücken

100 g Salami in hauchdünnen Scheiben

100 g Hinterschinken in Scheiben

200 g Mozzarella

1 TL getrocknetes Oregano

1 TL frisch gehacktes Basilikum

3 EL Olivenöl extra vergine

Das Mehl in eine Schüssel geben, in die Mitte eine Mulde für die Hefe drücken. Das lauwarme Wasser über die Hefe geben und mit etwas Mehl verschlagen. Ca. 20 Min. an einem warmen Ort (22-25 Grad) gehen las-

sen. Danach alles verkneten und auf einem mit Backpapier ausgelegten Backblech ausrollen. Nochmals zugedeckt am warmen Ort gehen lassen.

Für den Belag die geschälten Tomaten mit einer Gabel zerpflücken und zusammen mit dem Tomatensaft auf dem ausgerollten Teig verteilen. Schinken und Salami kleinschneiden, Thunfischstücke zerkleinern, Paprika waschen, Kerngehäuse entfernen und dünn in Spalten schneiden. Alles auf der Pizza verteilen. Pfeffer und Oregano darüberstreuen und mit dem in feine Scheiben geschnittenen Mozzarella belegen. Zum Schluß mit Olivenöl beträufeln und in 15-20 Minu-ten in der unteren Hälfte des auf 250 Grad vorgeheizten Backofens knusprig backen.

Tip: Schwarze oder grüne Oliven (Saisonartikel bei Aldi) sehen auf Pizza nicht nur wegen der Farbe super aus, sondern schmecken richtig italienisch! Außerdem läßt sich so ziemlich alles, was im Kühlschrank auf Verwertung wartet, auf die Pizza packen. Zum Beispiel Reste von Paprikaschoten, Champignons, gekochter Spinat oder Brokkoli.

Dazu paßt: Rosato Castel de Monte (DOCG), Chianti (DOCG) oder auch ein kühles Bier!

Summa summarum: 7,20 Mark

6 Die Männer anderswo

Francoforte, 3. August, piove

Mein Horoskop sagt, es wartet eine Überraschung auf mich ... una sorpresa, ma que sorpresa? (Ich bin gespannt wie ein Flitzebogen!)

Lieber Mops,

hoffentlich erreicht Dich dieser Brief noch, bevor Du in Berlin losfährst. Ich mache mir inzwischen richtig Sorgen wegen Deiner zunehmenden Fettsucht. Was ist denn plötzlich los, von vorne siehste doch ganz gut aus, oder?? Du läßt die Reißverschlüsse platzen, sprengst Abnäher und hast Hochwasser, weil gerade einmal ein Kilo mehr an Dir hängengeblieben ist?? Oder ist das alles mal wieder maßlos übertrieben?

Die Stuhlgeschichte ist allerdings wirklich peinlich. Das finden auch alle, denen ich sie erzählt habe. Lag es eventuell an Deiner Strumpfhose? Was sagt Dein Arzt? Hast Du Blutdruck und Hormone prüfen lassen? Warst Du denn schon einmal diesbezüglich bei einem Fachmann, ich meine, bei einem Therapeuten wegen Deiner Polsterungen? Wenn nicht, frag dort auch gleich mal nach, ob da nicht die Gene mit im Spiel sein können, weil die kalabresischen Vorfahren von Mauro meiner Meinung nach Afrikaner sind.

Überhaupt Afrika. Das könnte doch die Lösung sein. Da werden Frauen noch geschätzt, die etwas auf die Waage bringen, die Formen haben und nicht in jedes Handschuhfach gefaltet werden können. Was meinst Du? Versuch Dein Glück einfach einmal. Wo doch Dein antriebsschwacher Spargeltarzan Grützke auch nicht recht zur Sache kommt. Carissima, streich ihn einfach ersatzlos von der Liste Deiner Leckerhäppchen.

Gut, daß Du inzwischen das Fett nicht mehr löffelweise zu Dir nimmst, sondern die Sprühflasche benutzt, zu der ich Dir geraten habe. Massimo zeigt Dir in den Ferien auch, wie Du Deine Problemzonen durch gezieltes

Muskeltraining in den Griff bekommen kannst. Schließlich ist der Junge ein Körpergesamtkunstwerk! Er nimmt übrigens seinen potenten Mister Universe mit, nein, nein, nicht was Du denkst, kein Objekt aus Fleisch und Blut, sondern ein sperriges Eisenteil, um seine Muskeln zu trainieren. Wie das alles ins Urlaubsgepäck passen soll, ist mir completamente schleierhaft. Aber Du weißt ja, die junge Leut!

Ich sehe Dich schon Deinen Körper in der Gluthitze täglich eine Stunde für Signore Grützke schinden. Aber lohnt sich das wirklich??? Also, für mich wär das ja nix.

Heute war irrsinnig viel zu tun, Mauro habe ich seit Tagen kaum zu Gesicht bekommen. Er hat wieder irgendeinen Spezialschlüsselsatz beim Discounter eingekauft und bastelt an seinem blauen Lancia. Typisch, uns läßt er schuften! Porca miseria!

Und weißt Du, was er mir geantwortet hat, als ich mich beschwerte? »Glaubst du, ich mach das hier zum Spaß?« Natürlich, warum denn sonst?

Laß bitte nicht die Ohren hängen, sonst hast Du auch vorne noch ein Problem! Die Fahrkarten sind bestellt. Wenn Du kommst, mach ich Dir »Gnocchi al gorgonzola« und hinterher »Zabaglione Amaretto«, dann lohnt sich das Abspecken wenigstens. D'accordo?

Ciao bella.
Tanti saluti,
Lucia

PS. Was Deine Probleme mit Grützke und Co. angeht, heißer Tip von Marcella aus dem Nagelstudio: Internet, www.maennerseiten.de, da soll drinstehen, wie sie wirklich ticken. Die Männer, meine ich.

Gnocchi al gorgonzola

(Gnocchi mit Gorgonzola-Sauce)

1 kg mehlige Kartoffeln

1 Zwiebel

1 Knoblauchzehe

frisch geriebene Muskatnuß

10 Salbeiblätter

200 g Gorgonzola

Salz

250 g Mehl

2-3 EL Olivenöl extra vergine

350 g Sahne

schwarzer Pfeffer aus der Mühle

Die Kartoffeln waschen und mit der Schale garen (30 Minuten). Zwiebel und Knoblauch schälen, beides fein hacken. Salbei waschen und die Blätter trockentupfen. Gorgonzola in kleine Stücke schneiden. Die Kartoffeln heiß schälen und rasch durch eine Kartoffelpresse geben. Das Kartoffelpüree salzen und mit Muskat abschmecken. Soviel Mehl unter das Kartoffelpüree kneten, bis der Teig nicht mehr an den Fingern klebt. Aus dem Kartoffelteig fingerdicke Rollen formen und 1 cm dicke Stückchen abschneiden und mit der Gabel leicht eindrücken. Gnocchi mit einem Küchenhandtuch zudecken und 15 Minuten ruhen lassen. Inzwischen Öl in einem Topf erhitzen, Salbeiblätter darin knusprig frittieren, herausnehmen und abtropfen lassen. Zwiebel und Knoblauch im Salbeiöl dünsten und die Gorgonzola-Stückchen hineingeben, Sahne langsam dazugießen und den Käse auf kleinster Flamme schmelzen lassen. Zum Schluß die Soße mit Salz und Pfeffer abschmecken.

Tip: Die kleinen Kartoffel-Klößchen hören übrigens auf den Namen »njoki« und sind kulinarisch gesehen ziemlich flexibel: Mal mit frischer Tomatensauce (s. S.90), gesundem Kräuter-Dip (s. S.90) oder ganz einfach mit heißem Olivenöl, Knoblauch und Parmesan. – Echt lecker!

Summa summarum: 11,80 Mark

Zabaglione con Amaretto

(Zabaglione mit Amaretto)

4 frische Eigelb

3 EL Zucker

4 cl Amaretto (2 Schnapsgläser)

Eigelb und Zucker in einer feuerfesten Schüssel mit dem elektrischen Schneebesen schaumig rühren. Schüssel ins Wasserbad stellen. Dazu Wasser im großen Topf erhitzen und die etwas kleinere Schüssel hineinstellen. Amaretto dazugeben. Weiterschlagen, bis die Masse fest wird, und gleich in Dessertschalen oder Gläser füllen.

Tip: Zabaglione schmeckt auch mit Marsala, Portwein, Sekt und Likör gut. Wer's üppig mag, gibt jeweils noch 1 Kugel Vanille-Eis ins Glas und gießt die warme Zabaglione darüber.

Summa summarum: 3,50 Mark

7 Die drei kleinen Strolche

Calabria, 16. Agosto, knackheiß

Keine Waage weit und breit! Herrlich! Welch eine Befreiung!!!

Cara Lucia,

Das Wichtigste zuerst: Hier ist wie immer alles anders: der Himmel blauer, die Sonne wärmer. Nur mein Hintern ist unverändert. Leider.

Es ist herrlich, zu Hause zu sein. Aber die Tortur, bis wir hier waren. Mamma mia.

Der Reihe nach, meine Liebe. Bis Frankfurt, wo Deine Jungs ja noch unter Deinem strengen Mammablick zugestiegen sind, war alles entspannt. Der ICE raste, die Jungs machten nett Konversation mit »Tante« Rosanna. Massimo findet meinen Hintern übrigens gar nicht so dick, »wie Mamma gesagt hat«. Darüber müssen wir noch mal ein ernstes Wörtchen reden. Bis Mannheim haben Massimo, Paolo und Tino Ruhe gehalten und sind jeder nur zweimal zur Toilette. »Frisurentechnisch«, haben sie gesagt, als ich mich besorgt erkundigt habe, ob blasenmäßig ein Problem bestehe. Mit der Prostata haben die es ja in dem Alter noch nicht, oder? Rennen die daheim auch so oft?

Dann, kaum haben wir Mannheim Hauptbahnhof verlassen, sind sie erstmals auf Pirsch, »weil die schärfsten Weiber natürlich in völlig anderen Waggons sitzen«. Lucia, Dein Sohn hat ein Vokabular, von dem ich annehme, daß Du 30 Prozent gar nicht kennst. Die Kerle kamen in unregelmäßigen Abständen immer mal wieder in unser Abteil zurück, meist wenn ich gerade eben eingeschlafen war. Trotzdem fand ich es süß, daß sie nach mir gucken wollten. Rührend irgendwie. Erst beim dritten Mal registrierte ich, daß der Besuch weniger mir als Deinem opulenten Freßkorb galt. Ich weiß, ich weiß, ich habe spöttisch gelacht, als Du in Frankfurt mit dem Riesenkorb an den Zug kamst, aber selbst ich mit meinem unanständigen Appetit hätte nicht geglaubt, daß diese Mengen je vertilgt werden können. Von wegen. Ich kannte den Füllraum von drei endpubertierenden Fasterwachsenen nicht. Madonna. Unglaublich, was diese Kerls so in sich hineinstopfen.

Deine »Insalata Caprese« und »insalata di fagioli con tonno« waren phantastisch. Soweit ich das von den kleinen Resten, die diese Freßsäcke mir übriggelassen haben, beurteilen kann. Der Proviant war noch vor der italienischen Grenze alle. Das nächste Mal müssen wir für die jungen Herren einen eigenen Speisewagen anhängen. Wo schieben die all diese Kalorien bloß hin? Die Buben sehen selbst nach stundenlangen Kalorienexzessen aus, als wäre nichts gewesen. Muß am Stoffwechsel liegen. Sind das nicht irrsinnige Kosten, die so ein Esser verursacht? Und du hast gleich zwei davon. Unvorstellbar! Eine brave Steuerzahlerin wie ich hätte da echt Probleme. Ich habe nichts gesagt ... ha, ha. Wo wir schon beim Thema sind, wie laufen eigentlich die Geschäfte? Welche Eissorte ist dieses Jahr trendy? Nicht, daß ich versehentlich die falsche esse und mich als gnadenlos altmodisch oute.

Zurück zur Reise. In Milano hatten die drei kleinen Strolche, wie ich Deinen Massimo und seine Freunde seit dieser Reise nenne, schon sechs Visitenkarten abgestaubt. Früher haben wir unsere Adressen noch auf ausgerissene Zettelchen geschrieben, heute haben selbst die Rucksackreisenden schon geprägte Visitenkärtchen und zu etwa 90 Prozent gepiercte Bauchnabel. Paolo wollte in Rom nicht mit umsteigen, weil er sich schon total verliebt hatte. In eine 23jährige Farbige aus Paris. Eine echt wilde Hummel, soweit ich das beurteilen kann. »Sie küßt orgiastisch«, schwärmte der arme Paolo, und ich habe ihn trotz alledem gezwungen, mit uns zu kommen. In der Wartezeit, die wir im McDonalds am römischen Hauptbahnhof verbracht haben, hat er mich immer wieder beschuldigt, sein Leben ruiniert zu haben, weil ich ihn von einer Frau entfernt habe, deren Vornamen er nicht mal kannte. Auch das noch: Ich habe keinen Kerl, einen dicken Hintern und einem Spätpubertierenden die Liebe seines Lebens genommen. Mit anderen Worten, ich bin kein guter Mensch.

Die schnuckelige Kellnerin, die die Tabletts abräumte, hat seine Laune allerdings schnell wieder etwas aufgebessert.

Mamma und Papà scheinen übrigens guter Dinge zu sein.

Sposare, sposare ... Mamma benutzt kein anderes Wort mehr, wenn sie mit mir spricht. Heiraten ist nun mal ihr Traum. »Weiß steht dir so gut, Rosanna«, will sie mir ständig weismachen. Papà ist wie immer. Er will eigentlich nichts so genau wissen und war mehr als erleichtert, als ich auf seine Frage, »wie es so geht«, einfach mit einem schlichten »gut« geantwortet habe. Alles andere würde ihn doch nur verwirren.

Natürlich lassen Dich beide herzlichst grüßen. Es würde sie wahnsinnig freuen, wenn Du mal wieder einen Sommer mitkommen würdest. Ich habe ihnen zum 10.000sten Mal erklärt, daß Du wohl kaum im Sommer Urlaub machen kannst, wenn Du einen Eissalon betreibst. Aber Du kennst sie ja. Sie finden, Mauro könnte allein die Stellung halten, und da haben sie so unrecht nun auch wieder nicht. Laß Deinen Pascha mal allein! Emanzipier Dich!

Mehr Details und wer mit wem und warum im nächsten Brief.

Genudelt, glücklich und schwarzbraungebrannt,

Baci, baci
Deine Rosanna

PS. Ich trage trotz allem Bikini. Und er hält!
PPS. Ich liebe es, wenn Tante Maria mit zum Strand kommt. Neben ihr zu liegen macht eindeutig schlank.

PPPS. Mamma glaubt nicht, daß mein Po an meinem Männermangel schuld ist. Sie hält mich für eine Emanze. Und das nur, weil ich Papa gesagt habe, er könne auch mal abtrocknen.

Insalata caprese

(Tomaten mit Mozzarella und Basilikum)

600 g Tomaten
1 Knoblauchzehe
1/2 EL Zitronensaft
2 Kugeln Mozzarella
1 Bund frisches Basilikum
6 EL Olivenöl
Salz
schwarzer Pfeffer aus der Mühle

Mozzarella abtropfen lassen. Tomaten waschen und Stielansätze entfernen. Beides in Scheiben schneiden und abwechselnd dachziegelartig auf einem großen Teller anrichten. Basilikum waschen und die

Blätter von den Stielen zupfen. Die Blätter jeweils zwischen eine Tomaten- und Mozzarellascheibe stecken. Zitronensaft, Öl und die durchgepreßte Knoblauchzehe zusammenrühren, mit Salz abschmecken und die Marinade über den Salat geben. Frisch gemahlenen schwarzen Pfeffer und die restlichen Basilikumblätter darüberstreuen.

Tip: Dicke Scheiben Ciabattabrot im Backofen kurz anrösten. Das schmeckt verflixt gut und sorgt für die tägliche Ration an Kohlenhydraten!

Dazu paßt: Chianti, DOCG, Italia.

Summa summarum: 12,80 Mark mit Rotwein

Insalata di fagioli con tonno
(Weißer Bohnensalat mit Thunfisch)
250 g weiße Bohnen (Dose)
200 g Thunfisch (Dose)
1 Zwiebel
2 EL Weinessig
Salz
weißer Pfeffer
6 EL Olivenöl extra vergine
1 Topf frische Petersilie

Die Zwiebel schälen, hacken und mit 2 EL des Olivenöls in einem Topf anbraten. Weiße Bohnen abgießen und zu den Zwiebeln geben, erwärmen. Beiseite stellen. Inzwischen Essig, Salz, Pfeffer und das restliche Olivenöl vermengen und unter die Bohnen geben. Thunfisch abgießen und zusammen mit den Bohnen auf Tellern anrichten. Üppig mit gewaschener und gehackter Petersilie bestreuen.

Tip: Keine Dosen-Bohnen mehr in der Vorratskammer? Kein Problem! Gekochte Linsen oder rote Kidneybohnen tun es auch. Einfach ausprobieren!

Dazu paßt: Kaiser Pilsener im Six-Pack.

Summa summarum: 8,40 Mark mit Bier

8 Die Vorlieben der Männer

Francoforte, 31. August, piove a catinelle,
Uranus macht mich glücklich (ich warte noch
immer auf die Überraschung).

Ciao Rosanna,

mal beneide ich Dich um Deine Ferien, dann wieder bin ich froh und glücklich, diesem Verwandten-Supergau fernbleiben zu können. Mir langen meine Wahnsinnigen daheim.

Du hattest nach unseren diesjährigen Verkaufsknallern gefragt: Nutella-Eis ist einer unserer Renner. Wenn Du mich fragst, eine Geschmacklosigkeit, genauso schifoso wie After-Eight-Eis oder Bubble-Gum-Geschmack. Luigi und Massimo haben Mauro und mich überredet. »Damit könnt ihr richtig Kohle machen«, war das Argument, das Mauro letztlich überzeugt hat. In seinen Augen leuchtete schon wieder ein kleiner Ferrari. Wenn das passiert, geht's mit ihm durch. Ich kenne die Symptome und weiß, dann hilft nichts mehr. Dabei könnte Mauro nicht mal mehr in einen Ferrari einsteigen. Mit seinem Rücken! Und krummlegen tut der sich so oder so nicht gern.

Ich persönlich stehe ja mehr auf die Klassiker unter den Eissorten. Bei mir gäbe es sicherlich kein Schnick-Schnack-Eis. Aber was soll's. Man muß auch nachgeben können. Das ist übrigens ein Trick, der bei Männern sehr gut ankommt. Merke Dir, kleine Schwester: Ab und an nachgeben, gnädig zurückstehen, möglichst in Fragen, die Dir eigentlich nicht sonderlich viel bedeuten, und die Männer sind glücklich. Es geht nicht bei jeder Kleinigkeit ums Ganze. Nicht alles ist grundsätzlich.

Beherzige das, und sie werden sich auf Deiner Fußmatte stapeln!

Wenn Dein Hintern sich nicht ändert, dann mußt Du Dein Verhalten ändern! Männer sind leicht beherrschbar, es ist nur eine Frage des Geschicks. Capisce, bambina??

Mit Männern zurechtkommen, sie erobern und dann behalten ist eines der ältesten Strategiespiele der Welt. Nur einer der Mitspieler (der Mann!!) weiß nicht, was gespielt wird!

Du bestimmst die Regeln, und Du dirigierst das Spiel, einfach ohne ihn das merken zu lassen. Ich werde versuchen, Dir die wichtigsten Tips zu erklären. Ehrlichkeit ist eine Tugend, aber in einer aufkeimenden Beziehung unnötig. Lügen ist unschön, schwindeln erlaubt. Ab und an ist die krasse Wahrheit nicht stimulierend. Warum muß er Deinen herausnehmbaren Stiftzahn vorne links gleich bei der zweiten Verabredung sehen? Wieso erfahren, daß Du häufig sauer aufstößt?

Ich weiß, das tust Du nicht, war auch nur ein Beispiel, weil Du so wenig Unappetitliches an Dir hast!!!

Mehr zu diesem Thema später, wenn Du magst, und wenn nicht, bleibst Du eben für immer allein! Ach, eins noch, sage mir, welche Eissorte Grützkes liebste ist, und ich sage Dir, wer er ist. Ich hoffe für Dich, daß er kein Wal-nußfanatiker ist!! Nur eine kleine Andeutung: Große Nüsse hier – kleine da, Du verstehst ...

Malaga-Männer hingegen sind eine Delikatesse – warum, erkläre ich Dir ein andermal ...

Baci e saluti,
Lucia

PS. Nächstes Jahr will auch Luigi mit in den Urlaub.
PPS. Mauro schreit im Hintergrund, er will auch mit.
PPPS. Meinen Segen habt ihr. Viel Spaß mit der Baggage! Wird das herrlich für mich. In Vorfreude, ciao.

Gelato di pistacchio

(Hausgemachtes Pistazien-Eis)

1 EL Speisestärke
125 g Zucker
1/4 l Milch 3,5%
4 frische Eier
1/4 l Sahne
200 g geschälte Pistazien

Speisestärke und Zucker in einem Topf mischen. Nach und nach die Milch einrühren und unter ständigem Rühren zum Kochen bringen. Die Mischung unter die gut aufgeschlagenen Eier rühren und die Masse wieder in den Topf geben. Bei kleiner Flamme erhitzen, bis sie eindickt. Vorsicht, sie darf nicht kochen! Von der Kochstelle nehmen und abkühlen lassen. Pistazien hacken und zusammen mit der Sahne unter die Eiercreme ziehen. In einen Plastikbehälter (gebrauchte Fertig-Eis-Form) füllen und tieffrieren.

Tip: Lecker schmeckt das selbstgemachte Eis auch mit Walnüssen! Dazu die geschälten Nüsse kurz in kochendes Wasser tauchen, und anschließend mit einem spitzen Messer die Haut abziehen.

Summa summarum: 6,70 Mark

9 Der Gucci-Gürtel

Berlino, 8. September

Wieder 72 kg, aber gut durchgebräunt (sieht locker 2-3 kg schlanker aus)

Cara Lucia,
meine irrsinnige Schwester,

bin wohlbehalten wieder in meinem geliebten Berlin. Finalmente. Nach ein paar Wochen Familie reicht es dann auch. Letztlich ist das Programm doch jedes Jahr das gleiche. Du weißt schon: Besuche bei allen, die mit uns verwandt sind. Oder angeb-

lich verwandt. Für Dich hier in aller Schnelle die Kurzzusammenfassung mit den wichtigsten Details:

Tino ist verrückt wie immer, kneift allen und jeder überallhin und riecht dabei äußerst streng. Silvana wird von Jahr zu Jahr häßlicher. Können Nasen im Alter noch wachsen, oder schrumpft ihr schon der Kopf? Ist das mit 27 nicht ein bißchen früh? Bugs Bunny jedenfalls wäre der einzige, der ihr Gebiß mit Würde tragen könnte. Ich habe sie auf dem Klo mal beiseite genommen und ihr vorsichtig zu einer Zahnspange geraten. Sie meint, »Zahnspangen wären unnatürlich«. Ich habe ihr zugestimmt, daß es keine aus biologisch dynamischem Anbau gibt. Ein Blick auf ihre Beine hat meine Vermutung bestätigt. Sie ist ein Voll-Ök und deswegen auch haarig wie eine Äffin. Enthaarung ist für sie ein Akt der Unterwerfung. »Aber wem unterwirfst du dich damit«, habe ich sie entgeistert gefragt, »außer der Enthaarungsmittelindustrie?«, und sie hat nur gesagt:

»Du da oben in Deutschland hast gut lachen.« Dann hat sie geweint und nichts mehr gesagt. Zuviel Sonne ist doch auch nicht gut für die Menschen. Oder es liegt an Lonzo, ihrem Verlobten, diesem Zottelelch, der bei Pino in der Kfz-Werkstatt arbeitet und immer ein bißchen wirr im Kopf ist?

Er hat übrigens nach Dir gefragt, weil er »so wahnsinnig gerne mit Dir redet«. Gleich und gleich ...

Was die drei kleinen Strolche, Massimo, Paolo und Tino, so getrieben haben, wird Dir Dein Sohn vielleicht andeutungsweise erzählt haben. Habe geschworen, nicht zuviel auszuplaudern. Nur soviel: Glaube, Eure Aufklärung war gründlich und detailgenau. Der Junge kann das Erlernte im Leben gut ein- und umsetzen.

Habe auf dem Markt einen geilen Gucci-Gürtel mit passender Armbanduhr erstanden. Oberbillig. Deshalb war es mir auch wurscht, daß der Gürtel ein bißchen zu eng ist. Höchstens 12 cm. Ich werde mich reinquetschen oder ihn dem Club der Magersüchtigen vermachen. Ehrlich gesagt, kneift selbst die Armbanduhr. Kann man sogar an den Handgelenken zunehmen? Oder war die Uhr so billig, weil sie einfach jedem zu eng ist? Egal, ich trage sie trotzdem. Linda, meine Kollegin aus der 3b, ist richtig neidisch gewesen, als sie die Uhr gesehen hat. Ich glaube, die denkt, es wäre 'ne echte Gucci.

Apropos neidisch: Stell Dir vor, wen ich direkt am dritten Tag hier in Berlin wieder gesehen habe: Frau Kranacher. Sie hat es wirklich getan. Sich die Reiterhosen wegsaugen lassen. Ich habe sie im KaDeWe getroffen. Am Pralinenstand. Nachdem sie für 67 Mark Pralinen gekauft hat, sind wir mit der Rolltreppe in die Damenoberbekleidung gefahren, und in einer Umkleide hat sie mir gezeigt, wo das Fett mal war. Es ist tatsächlich weg. Die hat in der Zeit, in der sie mir ihre abgesaugten Teilchen gezeigt hat – »Da war's gewesen, Rosanna« –, die halbe Tüte Pralinen gefressen, »Macht doch nix, wenn's ansetzt«, und dann machte sie so ein schlürfendes, schmatzendes Geräusch. Ich war voll begriffsstutzig. »Dann tu ich's eben wieder«, lachte die Kranacher, und vor lauter Frust, daß ich mir diese Freß-Saug-Methode nicht leisten kann, schnappte ich mir ein paar von ihren Pralinen.

Nicht schimpfen, Lucia, es waren die letzten meines Lebens.

Werde morgen früh mit Extrem-Sport beginnen, und an Weihnachten werdet Ihr mich nur noch capriolo nennen und Sachen sagen wie: »Iß doch endlich mal was.« Die Uhr wird mir schon sehr bald vom Arm fallen, und den Gürtel werde ich den Magersüchtigen dann wieder entreißen!

Gucci, ich komme!
Fast hätte ich es vergessen: Der Grützke mag kein Eis. Gar keins. Weder Walnuß noch Malaga!

Baci, baci, vor allem an Massimo, das Ferkelchen,

Rosanna

PS. Ein bißchen dellig waren die Schenkel von der Kranacher schon.

PPS. Morgen ist der Grützke reif ... Du weißt schon! Yammi, Yammi ... Einmal noch Sex mit der vollen Power und dem vollen Gewicht.

Tagliatelle con salmone e limone

(Breite Nudeln mit frischem Lachs)

1 ganzer Lachs (ca. 500 g, tiefgekühlt)
5 EL Sherry (medium dry)
400 g Tagliatelle (breite Eiernudeln)
Salz
1/2 Bd. Zitronenmelisse
schwarzer Pfeffer aus der Mühle
abgeriebene Schale einer Zitrone (unbehandelt)
Saft einer Zitrone
75 g geriebener Parmesan oder Emmentaler

Lachs am Vorabend auftauen. Kopf und Schwanz entfernen und in vier Portionen schneiden. Waschen, trockentupfen und in einer Schüssel mit Sherry ca. 30 Minuten marinieren lassen. In der Zwischenzeit den Grill vorheizen. Tagliatelle in Salzwasser al dente kochen. Zitronenmelisse waschen, trockentupfen, Blättchen zupfen und fein schneiden. Lachs abtropfen, salzen, pfeffern und auf ein mit Alufolie belegtes Backblech legen. Unter dem Grill ca. 5-8 Minuten von beiden Seiten grillen. Pasta abgießen und 1/8 l der Pasta-Kochbrühe beiseite stellen. Tagliatelle zurück in den Topf geben. Kochbrühe, Zitronenschale, Zitronenmelisse und die Hälfte des Zitronensaftes kurz erhitzen. Mit Salz, Pfeffer und Zitronensaft abschmecken und über die Pasta geben. Pasta und Lachs auf Teller verteilen, Parmesan oder Emmentaler darübergeben.

Tip: Gibt es noch Rucola im Kühlschrank? Dann nichts wie rein in die Sauce! Aus der Melisse läßt sich auch ein Gute-Nacht-Tee zaubern!

Dazu passen: Trockene Weißweine aus Italien, wie Pino Grigio oder Gavi.

Summa summarum: 20 Mark

10 Das kaputte Schraubenzieherset

Francoforte, 19. September, ondata di caldo
Mein Aszendent sorgt für entspannte
Gelassenheit (danke, Aszendent).

Ciao Rosanna,

Warnung an die kleine Schwester:

Gestern habe ich in »Bild der Frau« gelesen, daß das mit den Diäten alles überhaupt nicht funktioniert – im Gegenteil. Alles, was Du ehrgeizig und mit Diäten abfettest, kommt im Laufe der Zeit wieder auf die Hüften drauf, weil wir von diesen zähen Steinzeitmenschen abstammen. Also mit anderen Worten: Wenn Du abspecken willst, legst Du Dich praktisch mit dem Neandertaler in Dir an.

Außerdem: Fitte Dicke leben länger als schlappe Schlanke, das habe ich auch aus dem Frauenheft. Deswegen »Arsch hoch« und ordentlich Pasta gegessen. Beamte wie Du bewegen sich einfach zuwenig, deshalb mein Ratschlag: keine Rolltreppen, Laufbänder und Fahrstühle mehr. Melde Dein Auto ab, wechsle die Wohnung, nimm eine Mansardenwohnung im 6. Stock. Benutz die Treppen bei Hasi und Mausi, und bestell den Brötchenservice ab. Lauf zum Bäcker. Keine Lust? Dann gibt's auch keine Brötchen! Sei Deine eigene Domina!! Kauf Dir ein Fahrrad und geh spazieren. Eine Stunde am Tag reicht. Nimm Grützke mit, statt Hund. Obwohl ich mir nicht sicher bin, ob ein Hund dauerhaft nicht mehr Freude macht als ein Grützke.

Noch ein paar News aus der Äppelwoimetropole:

In Deiner Abwesenheit geht es ganz schön rund bei uns. Nicht nur, daß es heiß ist wie bei Papà und Mamma in Calabria, Luigi hat uns mit seinen 15 Jahren eine riesengroße confusione beschert: Von seinem neuen Fahrrad hat er gleich am zweiten Tag die Schlüssel verloren und vor dem Haus versucht das Schloß zu knacken. Er hat eine ganze Menge Schraubenzieher dabei ruiniert (Mauro ist so richtig sauer, denn es waren seine besten). Zufällig kamen due carabinieri hier vorbei und wollten die beiden, Massimo war auch dabei, zum Verhör mitnehmen! Ich habe geschrien, sie sollten die Finger von meinen unschuldigen Kindern lassen, was sie – porca miseria – auch getan haben. Rosanna, Du erinnerst Dich an meine Schreie ... va bene. Massimo hat dann weiter an der bicicletta herumgebastelt (dadurch zwei weitere Werkzeuge ruiniert) und Luigi zur Feuerwehr geschickt. Kannst Du Dir diesen circolo vorstellen?? Zum Schluß kamen hier zwei Löschwagen vorgefahren, ein Riesenauflauf im Eissalon, und alle haben versucht, Luigis Schloß zu knacken. Am Ende haben sie es – fix und fertig, wie sie waren – durchgesägt. Ich sage nur: Männer!! Alles kaputt, das Rad ist nicht mehr zu gebrauchen, und Luigi hat geheult wie ein Schloßhund. Ich habe für alle Tante Marias »Ravioli di spinaci« gekocht. Der capo von der Feuerwehr, der commisario und il mio Mauro haben ganz schön zugelangt und zum Schluß »La Paloma« und »Azzurro« gesungen.

Kommst Du eigentlich zu meinem Geburtstag? Wir feiern am Sonntag drauf. Der capo der Feuerwehr wird auch dabeisein. Ein sehr sympathischer Mann und zufällig noch ledig. Ich koche per tutti. Du könntest neben ihm sitzen. Auch rein zufällig. Der capo liebt Eis, wie alle normalen Männer ...

Ciao bella,
Lucia

PS. Alles Ferkelige hat Massimo von seinem Vater.
PPS. Massimo sagt, Du übertreibst schamlos und müßtest selbst ganz ruhig sein. Ich neige dazu, ihm zu glauben.
PPPS. Ich bin seine Mamma. Du verstehst! Ich muß ihm glauben.
PPPPS. Der capo pompieri hat herrliches

rotblondes Haar. Ein netter Mann. Ihr wärt
ein niedliches Paar. Wirklich!!

Ravioli di spinaci

(Ravioli mit Spinatfüllung)

Für den Teig:

250 g Weizenmehl

3 frische Eier (ca.120 g mit Schale gewogen)

2-4 EL Wasser

1 EL Olivenöl extra vergine

Für die Spinat-Füllung:

500 g Spinat

1 Bund großblättrige Petersilie

1 kleine Zwiebel

40 g Butter

1 EL Weizenmehl

200 g Schlagsahne

1 EL *geriebenen Parmesan* oder Emmentaler

Salz, *schwarzer Pfeffer aus der Mühle*

frisch geriebene Muskatnuß

Klarsichtfolie

Mehl in eine Schüssel geben. 2 Eier, Öl und
Wasser rasch mit einem Handrührgerät aufschlagen und zum Mehl geben. Gut verrühren, bis der Teig zusammenhält. Den Teig
dann auf einer leicht bemehlten Arbeitsplatte
so lange kneten, bis er sich glatt und ela-
stisch anfüllt. In Klarsichtfolie einschlagen
und bei Raumtemperatur 1/2 bis 1 Stunde
ruhen lassen. In der Zwischenzeit den Spinat
waschen, in Salzwasser kurz dünsten (ca. 5
Min.), abtropfen lassen und trockentupfen.
Zusammen mit der gewaschenen und
gezupften Petersilie fein wiegen. Kleingehackte Zwiebel in Butter anrösten, mit Mehl
bestäuben, heiße Sahne zugeben, verrühren

und etwas einkochen lassen. Die feingewiegte Petersilien-Spinat-Mischung dazugeben, mit Salz, Pfeffer, Muskat und geriebenem Käse würzen. Teigmenge halbieren und beide Hälften dünn ausrollen. Auf eine der beiden Hälften in regelmäßigen Abständen kleine Portionen der Petersilien-Spinat-Füllung setzen. Ein Ei mit etwas Wasser verquirlen und die Teigzwischenräume mit dieser Mischung bestreichen. Jetzt die zweite Teigplatte darüberlegen und um die Füllungen herum leicht mit den Fingerspitzen andrücken. Mit einem bemehlten Glasrand (kleines Wasserglas) entsprechend kleine Kreise ausstechen. Die fertigen Ravioli fünf Minuten im Salzwasser sieden, abgießen und mit geriebenem Käse, brauner Butter oder Olivenöl verfeinern.

Tip: Selbstgemachte Ravioli schmecken unvergleichlich besser als Fertigprodukte. Peinlich jedoch, wenn anstelle der zarten Pastataschen klumpige Teiggranaten auf dem Teller liegen. Deswegen ein- bis zweimal vor der Pasta-Premiere üben!

Dazu passen: Klassische Rotweine wie Chianti, DOCG, oder auch Forest Hill, ein rassiger Shiraz Cabernet aus Australien. Profis entkorken die schweren Roten eine halbe Stunde vor dem Essen, damit das Aroma richtig rüberkommt!

Summa summarum: 8,70 Mark ohne Wein

11 Die Marathonfrau

Berlino, 2. Oktober, 15 Grad

71 kg, euphorisiert

Hi Lucia,

kaum sinken die Temperaturen, sinkt auch mein Gewicht. Applaus, bitte! Nähere mich unaufhaltsam dem Zehnerwechsel. Wenn eine »6« vorne steht, mache ich eine riesige Party! Versprochen.

Bei Kälte verbrennt der Körper mehr Fett. Das ist wissenschaftlich erwiesen, und außerdem stand es in einer meiner Zeitschriften. Ein FKK-Urlaub in Grönland oder Alaska könnte demnach meine Rettung sein! Ob es langt, nur die Kühlschranktür ein bißchen aufstehen zu lassen, wie Silke von nebenan behauptet, bezweifle ich allerdings. Du erinnerst Dich, Silke ist die mit dem neurotischen Meerschweinchen, das schrill wie ein unter Ecstasy stehender Papagei pfeift, wenn es nicht mindestens zweimal am Tag Gassi geführt wird. Lady Di heißt das Schwein, und ob das ein gutes Omen für sein weiteres Schweineleben ist, wage ich zu bezweifeln. Obwohl es das Schwein, verglichen mit einem Leben in Korea, bei uns schon gut hat. Es wird nicht frittiert und auch nicht gegessen.

Nun zu Deiner Feier und Deinem bizarren Männermenü für mich:

Lucia, Du Nervensäge, was soll ich mit diesem gräßlichen Feuerwehrmann. Rote Haare und nett, das kann ja nur das Grauen sein. Wenn ich einen Pumuckl will, schalte ich die Glotze ein. Hat dein capo etwa auch rote Brusthaare und diese bleiche Haut? Was soll ich mit dem im Urlaub machen? Darf so einer überhaupt in die Sonne?

Ich will einen großen, phantastisch gebauten Mann, der mich auf Händen trägt, ist das denn zuviel verlangt? Damit eine Chance besteht, daß mich ein Mann jemals tragen kann, tue ich mein Bestes. Ich esse kaum Fett (was ist noch mal Butter??) und habe lange über Deine Neandertalerphilosophie nachgedacht. Noch bin ich unsicher. Ich habe zwar schon in einigen Kerls Reste von Neandertalern gefunden, bei manchen dominierte sogar der Rest das Ganze, aber bei mir selbst bin ich noch nicht fündig geworden.

Zu Deinen Bewegungsvorschlägen: Keine Sorge, ich bin im Training. Meine sportliche Karriere nimmt unaufhaltsam ihren Lauf. Ich habe phantastische Laufhosen und Jacken bei Aldi geholt. Gleich mehrere, weil sie so preisaktiv waren, daß ich sie nicht dalassen konnte. Stell Dir vor: 25,90 für eine Hose, die genau aussieht wie die Teile, für die man im Sportgeschäft lässig einen Hunderter hinlegt. Die Hosen sind geschnitten wie Nylon-Leggings mit einem Reißverschluß an der Wade. Tights, sagt man dazu, und das sind sie auch. Tight. Eng. Der Stoff gibt gut nach, der Schnitt verdeckt leider gar nichts. Schonungslos zeichnet sich jeder Quadratzentimeter Speck ab. Mit der Jacke (29,90) drüber geht es. Wenigstens der Hintern ist damit verschwunden. Ich habe XL genommen, auch wenn mir das wahrscheinlich in wenigen Tagen viel zu groß sein wird. Deshalb habe ich die Garnitur noch mal in S mitgenommen. So günstig kriege ich das Zeug doch nie wieder. Ich liebe es halt zu sparen. Und die Krönung vom Ganzen: Ich habe das alles mit dem Bus und nicht mit dem Auto gemacht. Ich habe mich also direkt vor und nach dem Kauf schon bewegt. Joschka Fischer, ich komme. Marathonwoman Rosanna, klingt das nicht herrlich?

In Liebe, trotz der unsittlichen Angebote, Deine (Eure) Rosanna

PS. Habe für Euch arg gebeutelte Eltern, besonders den schraubenziehergeschädigten Mauro, auch was vom Discounter mitgebracht: einen Blutdruckmesser, damit Ihr Euren Kindern beweisen könnt, wie groß der Streß mit ihnen ist und daß Ihr es, wenn es so weitergeht, nicht mehr lange macht.

War günstig, keine Panik (79,90).

Peperonata

(Marinierte Paprikafilets)

8 Paprikaschoten (rot, grün, gelb)

3 Knoblauchzehen

5 EL Olivenöl extra vergine

3 EL Zitronensaft

Den Backofengrill auf 180 Grad vorheizen. Inzwischen Paprikaschoten waschen, halbieren und putzen. Die Hälften mit der Hautseite nach oben auf ein mit Backpapier ausgelegtes Backblech legen. Auf der mittleren Schiene des Backofens ca. 15 Minuten grillen. Die Paprikahälften sind gar, wenn sich die Haut dunkel färbt und kleine Blasen wirft. Ein feuchtes Küchenhandtuch über die Schoten geben und abkühlen lassen. Knoblauchzehen schälen und fein hacken. Paprikaschoten mit dem Küchenmesser vorsichtig häuten und der Länge nach in breite Streifen schneiden. Olivenöl in der Pfanne erhitzen und den Knoblauch kurz anbraten. Öl mit Salz und Pfeffer würzen. Paprika-schoten auf einem großen Teller anrichten und das aromatisierte heiße Öl darübergeben.

Tip: Wer keinen Grill hat, heizt den Backofen auf 200 Grad vor und läßt die Schoten in ca. 20 Minuten garen.

Summa summarum: 6,30 Mark

Pollo alla diavola con caponata

(Scharfes Hähnchen mit Auberginengemüse)

1 Brathähnchen (tiefgekühlt)

3 rote Peperoncini

1 Knoblauchzehe

8 frische Salbeiblätter

Salz, *schwarzer Pfeffer aus der Mühle*

5 EL Olivenöl extra vergine

3 EL Zitronensaft

Für die Caponata:

300 g Auberginen

1 gelbe Paprika

2 Selleriestangen

1 Zwiebel

700 g Tomaten
3 EL Essig
1 TL Zucker
80 g schwarze Oliven

Brathähnchen am Vorabend auftauen lassen. Vor der Zubereitung unter fließendem Wasser säubern und mit Küchenpapier trockentupfen. In vier Portionen teilen. Peperoncini waschen, längs halbieren, entkernen und zwei Schoten hacken. Knoblauch schälen, in dünne Scheiben schneiden. Salbei waschen und trockentupfen. Knoblauch, Salbei und die in feine Streifen geschnittenen Peperoncini unter die Haut der Hähnchenteile schieben. Hähnchenteile salzen und pfeffern und mit der Haut nach oben in eine Kasserolle legen. Olivenöl, Zitronensaft und gehackte Peperoncini verrühren und die Marinade über das Fleisch geben (1 Stunde marinieren lassen).

Backofen auf 220 Grad vorheizen, Hähnchenteile auf mittlerer Schiene etwa 45 Minuten braten. Zum Schluß fünf Minuten knusprig grillen.

In der Zwischenzeit für die Caponata Auberginen, Paprika und Sellerie waschen und putzen. Selleriegrün zum Garnieren zur Seite legen. Auberginen in Stücke, Paprika in Streifen, Sellerie in Scheiben schneiden. Auberginen mit 1 TL Salz bestreuen und etwa 20 Minuten ziehen lassen. Zwiebel schälen und längs in Spalten schneiden. Tomaten häuten, halbieren, entkernen und kleinschneiden. Auberginen mit Küchenkrepp trockentupfen. Einen Eßlöffel Olivenöl im Topf heiß werden lassen. Auberginen kurz anbraten. Zwiebel, Sellerie, Paprika und die Hälfte der Tomaten dazugeben. Essig, Zucker und Pfeffer dazugeben und umrühren. Zugedeckt 10 Minuten garen. Zum Schluß die Oliven und die restlichen Tomaten hinzufügen, kurz erwärmen, mit Salz und Pfeffer abschmecken. Hähnchenteile auf warmen Tellern zusammen mit der Caponata anrichten und genießen!

Tip: Zum scharfen Hähnchen paßt so ziemlich alles: Pasta, Risotto oder schlicht im Backofen zusammen mit den Hähnchenteilen gegartes Kartoffelgratin. Dazu 500 g Kartoffeln schälen, waschen, in dünne Scheiben schneiden und auf dem Backblech dachziegelartig auslegen. Salzen, pfeffern, mit Olivenöl beträufeln und 1/4 l Sahne angießen. Geriebenen Emmentaler drüber, und ab in die Bratröhre damit (ca. 45 Minuten).

Summa summarum: 12,40 Mark

12 Die Gepiercte
Francoforte, 14. Oktober, piove fortissimo,
Horoskop fantastico

Kleine stupida Rosanna,

nachdem ich Deinen Brief gelesen habe, ist mir tatsächlich der Blutdruck gestiegen!! Danke also für das Meßgerät. Jetzt kann ich es brauchen. Aber woher um alles in der Welt soll ich wissen, was der Feuerwehrmann für Brusthaar hat? Wir waren noch nicht so intim, und ich habe auch nicht vor, so weit zu gehen. Schließlich ist er für Dich reserviert. Zwei Schwestern, die an einem Kerl rumknuspern, das geht entschieden zu weit, finde ich. Obwohl er ein durchaus annehmbares Exemplar ist!

Deine Reaktion auf mein Angebot ist aber mal wieder typisch: kleinkariert und unüberlegt. Wie kannst Du einen Mann aussortieren, den Du noch nicht einmal gesehen hast? Einfach nur aufgrund seiner Haarfarbe! Diese Unsitte teilst Du leider mit vielen Frauen. Sie legen sich auf winzige, unwichtige Details fest und stehen damit sich selbst und ihrem Glück completamente im Weg. Stupido! Das meine ich wirklich ernst, meine Liebe!!!! Frau Reschnerlich aus Wuppertal, die schräg gegenüber von uns wohnt, hat einen ganz ähnlichen Fehler gemacht und damit fast die Liebe ihres Lebens übersehen. Im wahrsten Sinne des Wortes, denn sie hat ihren jetzigen Mann jahrelang nicht wahrgenommen, weil er ihr zu klein war. Er hat das erste Sortierverfahren nicht überlebt. Leider schon vor dem Rennen ausgeschieden. Die Teilnahmebedingungen für den Start nicht erfüllt. Dummerweise ist der Liebste von Frau Reschnerlich nämlich nur 1,71 m, und einen Mann unter 1,85 m hielt Frau Reschnerlich jahrzehntelang für einen der »Sieben Zwerge«. Und, hätte Schneewittchen mit einem der Zwerge …? Niemals. »Na also«, dachte Frau Reschnerlich, »warum sollte dann ich?« So laufen also Millionen Frauen wie Frau Reschnerlich blind und stronzissimo durch die Weltgeschichte und sehen nicht, daß das Gute oft so nah liegt oder sogar einfach so rumsteht. Bei Frau Reschnerlich war es ein fast tragischer Zufall, der dazu führte, daß sie ihren Schatzi doch noch entdeckte. Sie hat ihn beim Rückwärtsfahren übersehen, umgenietet und dann nahezu täglich im Krankenhaus besucht. Weil sie sich so sehr geschämt hat. So liegend ist ihr das Kleine an ihrem heutigen Mann gar nicht aufgefallen, und bevor er das erste Mal vor ihr stand, war sie schon rettungslos verliebt. Wenn das nicht romantisch ist!?! Mauro findet an der Geschichte nur gut, daß sie seine These stärkt, Frauen unter keinen Umständen jemals ans Steuer zu lassen. Sein Sinn für Romantik ist, wie bei den meisten Angehörigen seines Geschlechts, leider nicht allzu ausgeprägt. Dafür aber die Palette seiner Vorurteile. Doch dazu ein andermal mehr.

Ein Wort noch zu meinem Feuerwehrmann. Hast Du eigentlich gewußt, daß er eine Wache leitet, also in einer Führungsposition ist?

Was macht übrigens Dein kleiner Referendar???? Trefft Ihr Euch noch? Hattest Du nicht irgendeine heiße Nacht geplant? Verheimlichst Du Deiner großen Schwester etwa die pikantesten und interessantesten Details?

Con curiosità
Lucia

PS. Luigi ist mit seinen zarten 15 das erste Mal verliebt und zutiefst frustriert. Seine Angebetete, eine dürre Hochgewachsene mit Augenbrauenpiercing, die nie etwas anderes als Joghurteis ißt, hat einen Witz über ihn gemacht: »Warum haben Männer O-Beine?« hat sie den Kleinen gefragt, als er leicht verlegen zum Abkassieren an ihren Tisch kam. Luigi, der sofort dunkelrot angelaufen ist, hat nur mit den Achseln gezuckt und »weiß nicht« genuschelt. Da hat sie ihm triumphierend den finalen Schlag versetzt: »Weil alles Unwichtige in Klammern steht.« Nach diesem Satz ist sie aufgestanden und gegangen. Ich habe das Ganze von der Theke aus mitverfolgt und mit meinem Kleinsten gelitten. Frauen können schon grausam sein!

PPS. Luigi will nie mehr im Salon helfen. Außerdem hat er mich gefragt, ob O-Beine operabel sind. Verrückt, oder?

Tortelloni con broccoli

(Tortelloni mit Brokkoli)

500 g Tortelloni (Pasta Baroni mit Rind- und Schweinefleischfüllung)

500 g Brokkoli

Salz

1/4 l klare Instantbrühe

2 EL Weizenmehl

2 EL Süßrahmbutter

200 g Doppelrahm-Frischkäse mit Kräutern

1 Eigelb

1 EL Zitronensaft

3 EL Schmand

weißer Pfeffer gemahlen

200 g *geriebener Parmesan* (oder Emmentaler)

Tortelloni im Salzwasser nach Vorschrift gar ziehen lassen. Warmstellen. In der Zwischenzeit Brokkoliröschen in 1/4 l Instantbrühe etwa 5-7 Minuten blanchieren und die Brühe aufheben. Brokkoli beiseite stellen. Butter im Topf erhitzen und das Mehl darin anschwitzen. Die Brokkolibrühe angießen, aufkochen und weitere 5 Minuten köcheln lassen. Den Frischkäse vorsichtig unter die heiße Brühe geben. Das Eigelb mit dem Schmand verrühren und dazugeben, aber nicht mehr aufkochen lassen. Mit Salz, Pfeffer und Zitronensaft abschmecken. Brokkoli hineingeben, umrühren und über die angerichteten Tortelloni geben. Mit geriebenem Emmentaler, besser natürlich Parmesan, bestreuen.

Tip: Tortelloni schmecken auch mit hausgemachter Tomatensauce (Salsa di pomodori S. 90) molto bene!

Dazu paßt: Pino Grigio, Friuli-Grave, DOCG, Italia.

Summa summarum: 18,50 Mark und der Wein ist schon dabei

13 Das Hammerteil

Berlino, 27. Oktober

immer noch 71 kg (allerdings mit bedeutend
mehr Muskelmasse!!)

Ciao sorella bella,

das Unerfreuliche zuerst. Es hat dummerweise auch einen Namen: Volker Grützke. Die Geschichte ist so grausig, das ich sie eigentlich dezent unterschlagen wollte, aber Du als meine blitzgescheite Schwester hast den Braten natürlich sofort gerochen. Hier folgt also das Drama rund um Grützke, den Referendar, ungeschönt in allen Einzelheiten (Du wolltest es so!!):

Nach meinem Urlaub habe ich den Grützke, kaum zurück in Berlin, zum Essen eingeladen. Es fing alles sehr vielversprechend an. Grützke war begeistert vom »Risotto con funghi« und hat vom »Tiramisù« zweimal nachgenommen. Grappa allerdings auch. Wir haben nett über den jeweiligen Urlaub geplaudert, und als er nach zweieinhalb Stunden immer noch keine Anstalten machte, mich endlich flachzulegen, bin ich ran. Mittlerweile hatten wir beide etwa vier Grappa intus. Oder auch fünf. Ich habe mich diesem Kerl dann hemmungslos an den Hals geworfen. Er hat sich ein ganz bißchen geziert, dann aber mitgemacht. Beim Küssen war er mit derselben Gründlichkeit am Werke wie beim Essen. Er hat mir jede einzelne Krone und auch meinen Stiftzahn liebkost. Mit einer diffus pelzigen Zunge und das weniger leidenschaftlich als pedantisch. Aber ich will mich nicht übers Küssen beschweren, denn was dann kam, war unschlagbar:

Erinnerst Du Dich an die Geschichte, von der Du mir erzählt hast, wer welche Eissorte mag und was das über Männer sagt? Du hattest mich vor Walnußeisliebhabern gewarnt. Ich kann Dir nur sagen, laß auf jeden Fall die Finger von Männern, die gar kein Eis mögen. Als ich Grützke ausgepackt hatte, taten sich

Abgründe auf: Ausgestattet wie ein Hamster, winzige Teilchen, fast schon filigran. Ich hatte Angst, sie durch Berührung zu zerstören. Weißt Du, eines der Modelle, die man, wenn es kalt wird, gar nicht mehr sieht. Ich weiß, ich weiß, man kann da nix für. Man muß nehmen, was einem der Herrgott gibt. Aber muß ausgerechnet ich einen nehmen, den der Herrgott so schlecht behandelt hat? Bevor ich die Entscheidung darüber treffen konnte, sprach er das Thema selbst an. Sein Teil. Und wie nannte er das Etwas? Hammer. Wenn das kein Hammer ist, dann weiß ich es nicht. Ich habe total gelacht, als er über seinen Hammer sprach, weil ich natürlich davon ausging, daß das 'ne Art von Selbstironie war. Ich gebe zu, das war vielleicht nicht irre sensibel. Aber seine Reaktion war dann echt der Hammer. Er hat geschrien, daß das nur so wirke, mit seinem Hammer, weil ich, Achtung, jetzt kommt's, so eine »Wuchtbrumme« wäre. Eine Übergewichtige. Wir saßen nackt da und haben uns also, statt uns zu vergnügen, eine Runde beleidigt. Zum Schluß habe ich ihn noch gefragt, ob er »dafür« japanische Kondome nehmen muß, und dann ist er entgeistert abgerauscht.

Seitdem hat er kein persönliches Wort mehr mit mir gesprochen, außer nach Deinem Tiramisù-Rezept zu fragen. Er bekomme Besuch, hat er gesagt. Wahrscheinlich um mich eifersüchtig zu machen. »Von Deiner Mutter?«, habe ich geantwortet und mich dann getrollt. Ich kann sowieso nicht mehr normal mit ihm sprechen, weil ich ständig an diesen mitleiderregenden Wurm denken muß. Schade. Es hätte eine wundervolle Beziehung werden können. Rosanna Fortunato-Grützke. Welch ein Name wäre das gewesen!

Nun gehen wir uns in den Pausen aus dem Weg, und ich werde, wenn alles so weitergeht, sexuell verhungern. Schnüff.

Hören wir mit einer erfreulicheren Geschichte auf. Ich bin quasi ein neuer Mensch oder zumindest auf dem Weg dorthin. Zweimal die Woche treibe ich nun Sport. Ich jogge. Intensivst. Gestern 10 Minuten am Stück. In meinem neuen Outfit. Der Weg ist das Ziel.

Marathonwoman in spe,
Deine »Wuchtbrumme« und Referendar-
hasserin
Rosanna

PS. Schaue mir den Pumuckl vielleicht doch mal an ... Ja, ja, ich komme zu Deinem Geburtstag.
PPS. Grüße besonders Luigi von mir. Ich finde seine O-Beine sexy. Werde aber die Expertin für plastische Chirurgie, Frau Kranacher, bei nächster Gelegenheit fragen, ob eine Operation Sinn macht.

Risotto con funghi
(Risotto mit Pilzen)

2 Zwiebeln, mittelgroß
4 EL Olivenöl extra vergine
1 Glas trockener Weißwein
(z. B. Pino Grigio)
280 g Risotto-Reis oder Milchreis
1,5 l Fleischbrühe (Instant)
Salz, *schwarzer Pfeffer aus der Mühle*
250 g frische Pfifferlinge
2 EL Butter
3 EL *geriebener Parmesan* (oder
Emmentaler)

Zwiebeln schälen, würfeln und im heißen Olivenöl anbraten. Reis dazugeben und umrühren. Mit Weißwein ablöschen und unter Rühren einkochen lassen. Nach und nach Fleischbrühe dazugeben und wei-terrühren, bis der Reis noch Biß hat (ca. 14-17 Minuten). Pfifferlinge vorsichtig säubern (nicht waschen), halbieren und mit einem Eßlöffel Butter in einer Pfanne anbraten. Die restliche Butter zusammen mit dem frisch geriebenen Parmesan zum Risotto geben. Mit Salz und Pfeffer abschmecken und die Pfifferlinge unterheben.

Tip: Bei Aldi gibt es neuerdings auch getrocknete Mischpilze. In kaltem Wasser einweichen, durchsieben und einfach im Risotto mitkochen. Sehr lecker!

Summa summarum: 8,20 Mark

Tiramisù

(»Zieh-mich-rüber«-Dessert)

3 Eigelb
3 EL Zucker
1 Päckchen Vanillezucker
abgeriebene Schale einer Zitrone (ungespritzt)
250 g *Marscarpone* oder Sahnequark
20 Löffelbiskuits
4 EL Brandy
4 EL Espresso oder Mokka
3 EL Kakaopulver

Eigelb und Zucker im Wasserbad schaumig rühren. Vanillezucker und geriebene Zitronenschale dazugeben. Mascarpone unterrühren. Den Boden einer flachen, eckigen Form mit Löffelbiskuits auslegen. Die Biskuits mit Brandy und Espresso begießen. Die Hälfte der Crememasse einfüllen und glattstreichen. Eine weitere Lage Biskuits darüberschichten und wieder mit Brandy und Espresso tränken. Crememasse darüberstreichen. Dies so lange wiederholen, bis alles verbraucht ist. Die Creme auf der Oberfläche mit Kakaopulver bestreuen und mindestens 2 Stunden im Kühlschrank durchziehen lassen.

Tip: Tiramisù schmeckt am besten, wenn es bereits am Vorabend zubereitet wird und so richtig sahnig-cremig vom Löffel fällt.

Dazu schmeckt: Espresso oder Cappuccino – frisch zubereitet!

Summa summarum: 8,80 Mark

14 Die Wahrnehmung

Francoforte, 3. November, piove

Horoskop sagt: Wundern Sie sich nicht (tue es aber doch ...).

Porca miseria Rosanna,

was machst Du nur? Kind, Kind, man kann Dich wirklich nicht allein lassen. Ich habe gleich geahnt, daß der Grützke nichts taugt. Ein Mann, den man zum Sex quasi zwingen muß, der kann nichts sein. Schließlich sind Männer ein bißchen wie Tiere, und das ist fast schon das Beste an ihnen. Würde ein Tier zum Sex nein sagen? Nein. Na also. Was will ich damit sagen:

Manchmal ist es gut, gar keinen zu haben. Woher dieser plötzliche Sinneswandel, wirst Du Dich fragen. Eben noch sind Familie und Ehe die höchsten aller Güter, und jetzt preist sie das Singleleben. Ganz einfach: Mauro nervt entsetzlich. Er überlegt ganz im Ernst, den Eissalon im Winter wieder zu schließen, nachdem wir jetzt drei Winter lang gute Erfahrungen gemacht haben. Statt dessen will er Geschenkartikel vertreiben! Geschenkartikel! »Wie kommst du auf diese hirnrissige Idee?«, habe ich ihn gefragt. »Dann hätten wir doch auch immer was zur Hand, wenn die Kinder oder wir mal eingeladen sind«, war sein Hauptargument. »Wie wär's mit einer Bäckerei? Dann hätten wir morgens auch immer frische Brötchen«, habe ich ihn verhöhnt. Stell Dir vor, er hat es nicht bemerkt, sondern nur in meine Richtung gefragt: »Traust du dir die Backerei zu?« Ich bin mit einem Wahnsinnigen verheiratet. Einem begriffsstutzigen Wahnsinnigen noch dazu!! »Wenn dir Geschenkartikel nicht passen, wie wär's mit einer Buchhandlung?«, hat er mir vorgeschlagen. Eine Buchhandlung von einem Mann, der in seinem Leben hochgerechnet vier Bücher gelesen hat. »Mauro, du liest doch gar nicht«, habe ich ihn vergleichsweise sanft in die Realität befördert. »Weil ich keine Bücher habe, und dann hätte ich ja welche«, hat er blitzschnell erwidert. »Dann wäre doch eine Teestube perfekt«, war mein Konter, »wo wir beide immer nur Kaffee trinken.« »Wenn dein Herz dran hängt, kriegst du 'ne Teestube, ich bin da nicht kleinlich, aber jetzt gibt's Formel eins. Sei so gut und laß uns morgen noch mal über deinen Wunsch reden.« Sprach's und war vor dem Fernseher verschwunden. Über »meinen« Wunsch noch mal reden. Männer und Wahrnehmung.

Aber ich wollte Dich mit meiner kleinen Geschichte nicht für immer verschrecken, sondern nur trösten. Wenn man einen hat, ist eben auch nicht alles rosig. Sie sind nun mal ein anstrengendes Geschlecht. Einfach anders. Wenn aber dann noch dieser gravierende Ausstattungsmangel hinzukommt, wie bei Deinem Grützke, dann hake es schnell ab. Stell Dir vor, wir hätten vor 30 Jahren in Sizilien gelebt, dann hättest Du so was wie beim Grützke erst in der Hochzeitsnacht bemerkt. Wäre das nicht viel, viel schlimmer gewesen? Du hättest »Lebenslänglich« mit einem Hamster gehabt!

Na, siehst Du.

Obwohl die damals wohl keine Vergleichsmöglichkeiten hatten. Insofern haben die vielleicht gar nicht bemerkt, wenn sie einen Hamster erwischt haben!

Der capo kommt übrigens tatsächlich zu meinem Fest. Freue mich sehr, daß Du auch dasein wirst. Er freut sich auch schon. Habe ihm schon viel von Dir erzählt. Er mag rundliche Typen.

Luigi, mein Kleiner, hat mir heute morgen so nebenbei eröffnet, daß er Vegetarier werden will. »Hör mal, Schatzi«, habe ich erwidert, »nur weil dein Schwarm ›die Gehässige‹, fleischlos aussieht, kannst du ruhig weiterhin welches essen, das eine hat mit dem anderen wenig zu tun.« Er hat sich nach zähem Ringen dazu überreden lassen, heute noch mal zu McDonalds zu gehen, aber nur zum Fleischabschiedsessen. Werden wir bald eine Familie der Tofuburger sein?

Baci, baci,
Hobbytherapeutin Lucia

PS. Kann man 10minütiges Geschnaufe wirklich Joggen nennen? Schadet so ein Kurzlauf nicht mehr, als daß er nützt?
PPS. Hast Du schon eine dieser neuartigen Fettwaagen? Wenn nicht, könnte das doch ein perfektes Weihnachtsgeschenk für Dich sein, oder?

Zucchini ai pinoli

(Zucchini-Salat mit Pinienkernen)
250 g Brokkoli
1/2 Kopfsalat
3 Zucchini
2-3 EL Pinienkerne
Für die Sauce:
1 EL Balsamico-Essig
1 EL Olivenöl extra vergine
3-4 EL Zitronensaft
1/2 TL Salz
schwarzer Pfeffer aus der Mühle
Basilikumblätter in Streifen

Brokkoli in Röschen teilen und jeweils halbieren. Im Salzwasser 2-3 Minuten blanchieren und abtropfen lassen. Den Kopfsalat waschen und die einzelnen Blätter in eine flache Form geben. Zucchini waschen und in hauchdünne Scheiben schneiden. Auf den Salatblättern verteilen. Pinienkerne in einer beschichteten Pfanne rösten (oder in etwas Olivenöl) und darüberstreuen. Rasch aus Essig, Öl und Gewürzen eine Sauce mischen und über den Salat geben. Mit Basilikumblättern dekorieren und sofort servieren.

Tip: Öl wird ab sofort nicht mehr in Töpfe und Pfannen geschüttet, sondern gesprüht. Auch dem Salat tut das gut, denn er bleibt so länger frisch in der Schüssel. Sprühflaschen gibt's im Haushaltswarenladen. Einfach umfüllen!

Summa summarum: 7,20 Mark

Spaghettini alle vongole

(Spaghettini mit Venusmuscheln)

400 g *Spaghettini* oder Spaghetti

400 g ausgelöste Venusmuscheln (Dose)

5 EL Olivenöl extra vergine

1 Bd. Frühlingszwiebeln

1 Dose geschälte Tomaten

schwarzer Pfeffer aus der Mühle

Salz

geriebener Parmesan (oder Emmentaler)

1 EL feingehackte Petersilie

Spaghettini (das sind die ganz dünnen) im Salzwasser al dente kochen. Frühlingszwiebeln waschen und in feine Ringe schneiden. In heißem Olivenöl anbraten und geschälte Tomaten dazugeben. 6-8 Minuten auf kleiner Flamme kochen lassen. Venusmuscheln abgießen und unterrühren und weitere fünf Minuten köcheln lassen. Mit Salz und Pfeffer abschmecken. Petersilie darübergeben. Dazu gibt es geriebenen Parmesan oder Emmentaler.

Tip: Spaghettini oder »capelli d'angelo«, so dünn wie Engelshaar, bringen Amor persönlich an den Tisch!

Summa summarum: 8,50 Mark

15 Der Cordminirock

Berlino, 12. November

70 kg (Von wegen Wuchtbrumme! Rehe dieser
Welt, ich komme!)

An meine Privattherapeutin Lucia,

danke für Deine Ratschläge. Welch ein Trost, daß ich keine Sizilianerin bin, die zwangsverheiratet wird. Toll. Das hat mich dermaßen erleichtert, Du glaubst es kaum.

Langsam klingen die Windpocken ab. Tut mir schrecklich leid, daß ich nun doch nicht zu Deinen Feierlichkeiten kommen konnte, aber mit diesem Ausschlag hätte das allen Beteiligten sicherlich wenig Spaß gemacht. Außerdem hätten diese feisten Pusteln meine Chancen beim capo kaum erhöht. Schön zu hören, daß er irre enttäuscht war und sich nicht sofort einer Deiner Freundinnen mit nahendem Verfallsdatum an den Hals geworfen hat, oder hast Du es mir am Telefon nur nicht erzählt? Wie gern hätte ich Deine »Melanzane ripiene« und Deine »Calzoni piccoli« genossen. Meine Hüftchen sind allerdings froh über den Verzicht.

Ich habe die Zeit zu Hause genutzt und Ordnung in mein kleines bescheidenes Leben gebracht. Vor allem in meine Klamotten. Drei blaue Mülltüten habe ich voll. Ich schwöre es, ich war wirklich radikal. Alles, was ich in den letzten zwei Jahren nicht getragen habe, mußte in die blaue Tüte (gut, ich gebe zu, den kleinen Cordminirock in Größe 36, den ich damals auf der Abschlußfahrt in Paris gekauft habe, den stahlblauen mit der Borte, den habe ich wieder aus dem Sack gerettet). Ansonsten war ich knallhart mit mir selbst und habe mir keinerlei Sentimentalitäten gegönnt. Ich habe den kompletten Kleiderschrank und den Schuhschrank ausgemistet. Ein dermaßen befreiendes Gefühl hatte ich schon Jahre nicht mehr. Ich bin überzeugt: Aussortieren macht die Seele frei und spart den Therapeuten. Es reinigt die Seele wie ein Dampfbad die Haut. Kleider aussortieren ist Ballast loswerden. Ein Symbol. Kurz vor der Jahrtausendwende mache ich mich bereit für Neues und schleppe keinen alten Krempel mit. Hast Du eigentlich Interesse an der türkisfarbenen Lederjacke im Motorradlook? Ich mag sie nicht mehr, aber es tut mir doch im Herzen weh, sie einfach so wegzuschmeißen! Frankfurt ist ja nicht so trendy wie Berlin, vielleicht könntest Du sie noch ein wenig auftragen. Mir ist sie auch ein ganz klein bißchen eng. Um die Schultern. Ob ich eventuell vom Laufen schon muskulöser geworden bin? Egal, weg ist weg. Außerdem ist in meinem Kleiderschrank jetzt Platz für Neues. Auf geht's!

Baci, baci,
Rosanna alleggerita

PS. Habe Frau Kranacher getroffen. Irgendwas ist mit ihrem Gesicht. Sie sieht aus, als hätte sie sich tüchtig ein paar gefangen. Mitten drauf. Anscheinend hat sie diese neuen Collagenlippen. Wie diese Melanie Griffith von Antonio Banderas! Hast Du die mal in der »Bunten« gesehen? Schauerlich. Angeblich kann man das Aufspritzen der Lippen auch mit Eigenfett machen. Stell Dir vor, Du hast dann Deinen Po im Mund. Na, ich weiß nicht!

Hätte die Kranacher gern nach Details gefragt, aber es war so ein junger Kerl dabei, und da habe ich mich zurückgehalten. Ihr Mann war es nicht. Aber jetzt, mit neuen Schenkeln und neuen Lippen, paßt ein neuer Mann wahrscheinlich auch besser! Gutaussehender Typ. Holla! Ob der sie schon vorher kannte? Werde sie das nächste Mal gründlich befragen. Frau Arschmund. Ha.

PPS. Leider mußte ich nun wegen der Pocken mit dem Joggen eine Zwangspause einlegen, aber mein Hausarzt hatte es mir strikt verboten. Ich habe ihm natürlich erklärt, daß ich ohne kaum leben kann, mich aber dann brav an seine Anweisungen gehalten. Trotzdem abgenommen! Habe die Joggingklamotten daheim auf der Couch getragen. Auch dort sehr bequem.

Calzoni piccoli

(Kleine gefüllte Teigtaschen)

1 Portion Pizzateig

Für die Füllung:

70 g roher Schinken in Scheiben

200 g frische Tomaten (oder Dose)

1 Bund frischen Thymian

150 g Mozzarella

3 frische Eier

200 g Ricotta oder Magerquark

50 g *frisch geriebenen Parmesan* oder Emmentaler

Salz

schwarzer Pfeffer aus der Mühle

2-3 EL Milch 3,5%

Pizzateig wie auf S. 26 zubereiten. Während der Gehzeit Schinken in feine Streifen schneiden, Tomaten kurz brühen, häuten und die Stielansätze herausschneiden. Kleinschneiden. Thymian waschen, trockentupfen (mit Haushaltskrepp) und die Blättchen zupfen. Mozzarella abtropfen lassen und würfeln. Ein Ei trennen. Eigelb und Milch verrühren, Eiweiß verquirlen (zum Kleben der Teigränder aufheben).

Ricotta oder abgetropften Magerquark mit den beiden restlichen Eiern vermischen, Schinken, Mozzarella, Parmesan und Thymian dazugeben und verrühren. Kleingeschnittene Tomaten zugeben, leicht salzen und mit Pfeffer abschmecken. Den Backofen auf 225 Grad vorheizen. Den Hefeteig nochmals kneten und 3 mm dünn ausrollen. Kreise von ca. 12 cm Durchmesser ausstechen und jeweils die Hälften der Fladen mit je 1 Eßlöffel Füllung belegen. Die Ränder mit Eiweiß bestreichen und die freie Teighälfte über die Füllung klappen. Den Rand fest andrücken und die Oberseite mit der Milch-Eigelb-Mischung bestreichen.

Tip: Eigentlich sind Calzone nichts anderes als zusammengeklappte Mini-Pizze. Die Teigmenge ergibt ca. 20 Stück. Als Hauptgericht mit Salat reicht's für vier, als Vorspeise für acht Nudelnarren!

Summa summarum: 12, 80 Mark

Melanzane ripiene

(Gefüllte Auberginen)

4 kleine Auberginen

250 g Tomaten

2 EL Olivenöl extra vergine

1 Zwiebel

1 EL gehackte Petersilie (großblättrig)

Salz

schwarzer Pfeffer aus der Mühle

250 g Mozzarella

4 hartgekochte Eier

Petersilie zum Garnieren

Die gewaschenen Auberginen längs teilen und mit einem Löffel bis auf etwa 1 cm aushöhlen. Das Fruchtfleisch kleinhacken. Die Tomaten häuten und würfeln. Die Petersilie kleinhacken. Olivenöl in der Pfanne erhitzen und die geschälte, kleingehackte Zwiebel darin glasig werden lassen. Auberginen-fleisch, Tomatenwürfel und ca. 2/3 der Petersilie dazugeben, mit Salz und Pfeffer würzen und gut vermischt 15 Minuten dünsten. Inzwischen die ausgehöhlten Auberginenhälften in eine eingeölte, flache, feuerfeste Form legen und im vorgeheizten Backofen bei 180 Grad etwa 10 Minuten backen. Mozzarella und Eier in Scheiben schneiden. Die Hälfte der Tomatenmischung in die Auberginen füllen, abwechselnd eine Schicht Käse und Eischeiben darauflegen und mit der restlichen Tomatenmischung bedecken. Die gefüllten Auberginen wieder in den Backofen geben und weitere 10 Minuten garen. Mit der restlichen Petersilie garnieren und heiß servieren.

Tip: Veggies leben länger: Viel Gemüse essen und Wasser trinken, da kann man nichts falsch machen!

Summa summarum: 6,40 Mark

16 Die Männerträume

Francoforte, 26. November, piove fortissimo, Tageshoroskop sagt, ich werde zu Geld kommen. »Buon giorno, Signore Armani!«

Cara Rosanna balla, balla,

natürlich würde mir Deine Lederjacke locker passen. Natürlich hätte ich sie gerne, wenn sie nicht schon vor 15 Jahren absolut geschmacklos gewesen wäre! Ich habe mich damals für Dich und die Jacke geschämt, wie könnte ich eine solche je selbst tragen? Wenn überhaupt, dann höchstens an Fasching, und selbst dann sieht man ja nicht gerne total daneben aus. Also laß diesen Mode-Alptraum in der blauen Tüte!

Apropos Mode-Alptraum: Massimo hat sich Hosen gekauft, in die selbst Du noch mit rein könntest. Gemeinsam mit Luigi. Sie hängen unten etwa 15cm auf dem Boden und ersparen der Stadtreinigung jede Menge Arbeit. Was an diesen Hosen abends so dran-hängt, ist eklig. Oben guckt der Rand der Unterhose raus. Seitdem trägt er nur noch Wäsche von Boss oder Calvin Klein. »Das ist hip«, meint Massimo und weigert sich, seine teilweise fast neuen Schiesser-Hosen zu tragen. »Schiesser ist nur für Scheißer«, meint er und lacht sich über diesen miesen kleinen Witz bald kaputt.

Ansonsten habe ich äußerst frohe Kunde für Dich: Es ist vollbracht, ich habe ihn soweit. Er kann es kaum abwarten, nach Berlin zu kommen. Capo, im wirklichen Leben Manfred, capo pompieri, kommt nach Berlin. Ist das nicht eine herrliche Überraschung!!! Ich habe ihm gesagt, daß er selbstverständlich bei Dir schlafen kann! Meine Kleine, jetzt heißt es: Zugreifen!! Er plant für das erste Dezemberwochenende, also schon sehr bald. Ich habe ihm versprochen, das paßt schon, denn Du als Lehrerin hast die Wochenenden eh frei und sicher Zeit für ihn. Mach Dir schon mal Gedanken, was Du ihm zeigen kannst, und bezieh die Betten frisch!! Ich wünsche Euch ein feuriges Wochenende!! Koch was Gutes, zum Beispiel »Scampi gladiatori«!

Mauro findet das alles bekloppt. Zu strategisch. Daß ich ihn genauso eingefangen habe, hat er bis heute nicht realisiert. Von seinen Geschenkartikelplänen ist er weg, überlegt aber, an die Börse zu gehen. Aktien vom Eissalon. Ich überlege hingegen, wer seinen Größenwahn wieder in den Griff bekommen könnte. Fällt Dir jemand ein?

Nach den Weihnachtsfeiertagen, an denen wir Dich und vielleicht (hoffentlich) auch schon Manfred, den capo, aufs herzlichste zu uns einladen, will Mauro in dringender Mission nach Rom. Der Papst hat ein neues Elektroauto mit Michael Schumacher eingeweiht, und Mauro will es unbedingt sehen. »Vielleicht läßt er mich 'ne Runde drehen«, träumt er und bestätigt damit die alte These: Männer sind Kinder. Aber heißt es nicht in der Bibel: Lasset die Kinder zu mir kommen? Wenn er unbedingt will, soll er fahren. Es gibt schlimmere Männerträume!

Meinen Traum für Dich kennst Du – ich sage nur: Manfredo!!!!

Gib mir bald Bescheid, ob es klappt mit dem Wochenende.

Lucia speranzosa

PS. Luigi ißt seit gestern wieder Fleisch, dafür hätte er gern, daß ich anfange, koscher zu kochen. Seine neueste Flamme ist nämlich aus der jüdischen Gemeinde und sieht um Klassen besser aus als das letzte Modell. Habe mir das Kochbuch »Koscher kochen« gekauft, um guten Willen zu demonstrieren. Die »römischen Artischocken« sind wirklich lecker und die perfekte Verbindung der beiden Küchen! Da sag noch einer, wir Mütter würden uns nicht bemühen!

Bisher hat sie Luigi allerdings nur angelacht! Na, besser als die letzte Hexe, die ihn ja vor meinen gestrengen Mütterblicken hemmungslos ausgelacht hat.

Scampi gladiatori

(Gladiatoren-Garnelen)

1/2 Bund Frühlingszwiebeln

2 Karotten

3 EL Butter

500 g geschälte, rohe Riesengarnelen (tiefgekühlt)

Salz

schwarzer Pfeffer aus der Mühle

1/4 L Champagner Veuve Monsigny, brut

Frühlingszwiebeln waschen, putzen und in feine Ringe schneiden. Karotten schälen und waschen und in feine Streifen schneiden. Die Gemüse in 2 EL Butter ca. 10 Minuten langsam dünsten. Die aufgetauten Garnelen dazugeben, öfter wenden und nach 6 Minuten mit Salz und Pfeffer abschmecken. Nochmals 1 EL Butter einrühren und mit Champagner ablöschen. Nicht mehr kochen!

Tip: Achtung: Scampis kurbeln die Hormone an und rüsten den Eiweißhaushalt im Körper auf!

Dazu paßt: Champagner und/oder ein eleganter Weißwein wie Chablis, AC.

Summa summarum: 18,40 Mark mit Wein

Carciofi alla romana

(Artischocken römische Art)

12 kleine junge Artischocken

Saft von 2-3 Zitronen

8 Knoblauchzehen

3 EL Semmelbrösel

3-4 EL Olivenöl extra vergine

1 TL Salz

1/2 Bund frische Minze

Alle harten und welken Blätter und Blattspitzen der Artischocken entfernen. Die Stiele schälen und auf 5 cm zurückschneiden. Die Artischocken in eine Schüssel mit

Zitronenwasser legen. Minzeblätter zupfen, waschen, trockentupfen, kleinhacken und in eine Schüssel geben. Knoblauchzehen schälen, mit Salz und der Breitseite eines Küchenmessers zerdrücken und mit der Minze und den Semmelbröseln mischen. Soviel Olivenöl dazugeben, bis eine sämige Paste entsteht. Ca. 5-10 Minuten quellen lassen. Mit einem Teelöffel die Paste zwischen die Blätter füllen. In einer breiten Kasserolle etwas Wasser und 3-4 EL Olivenöl erhitzen. Die Artischocken mit den Köpfen nach unten dicht an dicht nebeneinander in den Sud schichten. Eventuell Wasser zugeben, bis alle Artischocken bedeckt sind. Auf kleiner Flamme ca. 30 Minuten garen. Nach der Hälfte der Kochzeit Artischocken umdrehen, damit auch die Böden weich werden. Sowie sie gar sind, Artischocken herausnehmen und auf einer Platte anrichten.

Tip: Artischocken schmecken warm oder kalt, also superpraktisch, falls wirklich etwas übrigbleiben sollte!

Dazu passen: Trockene Weißweine wie Soave classico oder Gavi, DOCG. Die vier magischen Kürzel hinter den Markennamen sind übrigens ein Gütesiegel vieler italienischer Weine. Hier wurde nicht gepanscht, sondern garantiert kontrolliert. Kurz: denominazione d'origine controllata e garantita.

Summa summarum: 9,60 Mark ohne Vino

17 Der Feuerwehrmann

Berlino, 4. Dezember im alten Jahrtausend
71 kg (voll mit Trostfraß: Junkfood und
Schokolädchen), volle zwei Tage lang
Moppelchen genannt worden!!!!!

Dio mio, Lucia,

ich werde ins Kloster gehen. Schwarz kleidet mich gut, macht schlank, und ich muß mir nie mehr Gedanken um mein Haar machen. Ende. Aus. Sag Mauro, er kann mich directamente mitnehmen nach Rom. Ich habe nach diesem Wochenende den Glauben an die Männer verloren. Der Mann an sich ist für mich eine unverständliche, unberechenbare und mysteriöse Gattung. Ich käme mit jedem durchschnittlichen Außerirdischen besser zurecht. Hundertprozentig. Wenn irgend möglich, wäre mir ein weiblicher Außerirdischer allerdings lieber.

Ich weiß nicht, was Capo Manfredo Dir schon erzählt hat, von mir bekommst Du jetzt jedenfalls die ungeschönte Fassung des Wochenendes.

Aufgepaßt: Höflich, wie ich bin, habe ich den capo am Flughafen abgeholt. 55 Minuten habe ich auf ihn am Ausgang gewartet. 55 Minuten nach der pünktlichen Landung, was für Berlin an sich einer Sensation nahe kommt, war der Kerl immer noch nicht da. Als ich kurz davor war, wutentbrannt abzurauschen, habe ich ihn ausrufen lassen. Fünf

Minuten später hält mir jemand die Augen zu, und es hesselte mir ins Ohr: »Ei, Rosanna, isch bins, de Manfred, un isch hab Disch sofort am Boppes erkannt, ha ha.« Ich drehe mich nur wenig geschmeichelt um, und da steht er vor mir. Manfred. Ein Mann, den man kaum übersehen kann. Lucia, Du hättest mir sagen müssen, daß er etwa doppelt soviel wie ich wiegt. Was habe ich Dir getan, daß Du mir das antust? Ist das meine persönliche Prüfung, tue ich mit den Kirchensteuern nicht genug, um in den Himmel zu kommen? Haßt Du mich? Ist es wegen der Geschichte mit dem Tiramisù? Ich dachte, das wäre längst verjährt?????

Zurück zu Manfred: Voller Stolz hat er mir in den ersten 4 Minuten unseres Kennenlernens erzählt, daß die Stewardeß ihm den Gurt verlängern mußte. Dabei hat er so blöd schlüpfrig gelacht. Ich würde wahrscheinlich aus dem Flieger springen, wenn mir der normale Sicherheitsgurt nicht mehr langen würde. Das ist eben der Unterschied zwischen Männern und Frauen. Was unsereins nicht mal unter Einfluß der schillerndsten Drogen erwähnen würde, damit gibt der noch an. Im Auto habe ich ihn gefragt, warum er eigentlich so lange gebraucht hat, wo er doch nur Handgepäck dabei habe. »Isch hab mer noch ebe ma schnell de Feuerwehr vom Fluchhafe aageguckt. Ma mit dene Kollege korz geschwätzt un en klaane Kaffee getrunke«, kam es völlig ungeniert von hinten. Manfred wollte nämlich lieber hinten sitzen: »Wenn isch noch net weiß, wie aaner fährt, dann hock isch misch liebä hinne nei, außedem hat mer immä so en Gefühl, als hätt mer en Schoffeur.«

Daheim angekommen haben wir erst mal eine Kleinigkeit gegessen. »Wir Moppelscher müssen doch sehn, wo mer bleibe«, hat sich Manfred erdreistet und die »Melone al formaggio« in sich reingemampft. Die Feuerwehr am Flughafen hat ihm nicht gefallen: »So was von popelisch klaan, unglaublisch.« Welche Unterschiede es zu der am Rhein-Main-Flughafen in Frankfurt gibt, kann ich Dir bei Interesse en detail erklären.

An meinem so ausgeklügelten Besichtigungsprogramm hatte Manfred leider einiges auszusetzen. Reichstag, Schloß Charlottenburg, Prenzlauer Berg und Kreuzberg kennt er alles aus dem Fernsehen. »Des sieht mer da ja besser als in escht, gell.« Er wollte nichts als Feuerwehrstationen besichtigen. »Mein Beruf is halt aach mein Hobby, mer muß sisch aach in meiner Bransche informiern, gell«, hat er mir freudestrahlend kundgetan. Außerdem hat er, nachdem wir vier Wachen besichtigt hatten, abends noch meine Wohnung auf Feuerpolizeiliches untersucht. Ich habe ihm meine Couch ausgeklappt und hatte wirklich keinerlei Interesse, seine »menschlichen Schläuche« zu sehen. Das hat der mir tatsächlich so angeboten. Er hätte »morz Überdruck am Schlauch«. »Bau dir ein Ventil ein«, habe ich ihm entsetzt vorgeschlagen. Für Sonntag habe ich dann ein Seminar erfunden. Ganztags. Ich hätte den nicht noch einen Tag ausgehalten. Aber ich bin für ihn eh nicht die Richtige. Hat er mir Sonntag auf dem Weg zum Flughafen behutsam beigebracht: »Isch will dir net weh tun, aber irschendwie will mei Schemie net so mit dir«, hat er begonnen. Ich habe verständnisvoll genickt und mich der Chemie noch nie so nah gefühlt. Positiv an Manfred wäre zu bemerken, daß man ihn eigentlich kaum verlieren kann. Sein Haar leuchtet aus jeder Menschenmenge hervor.

Seit zwei Stunden bin ich manfredlos und fühle mich immens befreit!

Rosanna, da oggi suora

PS. Ab heute gilt mein neuer Leidspruch, den ich »Miss Piggy« geklaut habe: »Essen sie nie mehr, als Sie heben können.«
PPS. Wenn ich die Farbe Rot sehe, fange ich an zu schreien. Allergische Schockreaktion.
PPPS. Sind nicht alle Feuerwehrleute eigentlich Pyromanen?

PPPPS. Sei froh, daß Du Mauro hast, sonst würde ich Dir mal einen vorschlagen ... vendetta sanguinosa, giuro vendetta!

Melone al formaggio
(Melone mit Käse)
1 reife Honigmelone (ca. 800 g)
10 EL Portwein
geriebener weißer Pfeffer
125 g Emmentaler Käse am Stück
10 kleine Laugenbrötchen

Honigmelone quer halbieren, Kerne mit einem Eßlöffel entfernen. Die beiden Hälften mit Portwein füllen, eine halbe Stunde ziehen lassen. Eine Prise weißen Pfeffer darübergeben. Den Emmentaler Käse in Würfel (2 x 2 cm) schneiden. Die Melonenhälften in kleine Salatschüssel stellen, mit einem Löffel das Fruchtfleisch lockern und im Portwein baden. Laugenbrötchen antoasten, halbieren und mit einem Käsestück belegen.

Den Imbiß nach jedem zweiten Löffel mit einem Biß ins Käse-Laugen-Brötchen unterbrechen.

Tip: Die Laugenhäppchen kann man sich auch abwechselnd gegenseitig in den Mund stecken!

Summa summarum: 6,80 Mark

Mozzarella in carrozza

(Geröstete Mozzarellabrötchen)

250 g Mozzarella

8 Scheiben Weißbrot, z.B. Ciabatta

1 Knoblauchzehe

Salz

schwarzer Pfeffer aus der Mühle

1/2 TL Oregano (getrocknet)

3 EL Mehl

2 frische Eier

2 EL Milch 3,5%

4 EL Olivenöl extra vergine

Mozzarella abtropfen lassen und in vier dicke Scheiben schneiden. Die Brotscheiben mit der geschälten und halbierten Knoblauchzehe einreiben. Vier Brotscheiben mit jeweils einer Käsescheibe belegen, mit Salz und Oregano würzen und mit den restlichen Weißbrotscheiben bedecken. Brotränder leicht mit Wasser anfeuchten und zusammenpitschen. Die Brote in Mehl wenden. Eier aufschlagen, mit Milch und Salz verquirlen und die Mozzarellabrote von beiden Seiten darin wenden. In einer Pfanne Olivenöl erhitzen und die Mozzarellabrötchen von beiden Seiten knusprig braten.

Tip: So richtig rundrum knusprig goldbraun gebrutzelt sind die Mozzarella-Häppchen ein Hochgenuß!

Summa summarum: 4,50 Mark

18 Der Neuvorschlag

Francoforte, 8. Dezember, piove come sempre
Aszendent Skorpion steht in der Venus, mitten
drin, Volltreffer! (Liebesrausch in Aussicht,
wow!)

Scusi sorella piccola,

capo pompieri wird ab sofort nur noch
Nachtkapp genannt. Ein Versuch war es
allerdings wert.

Ich finde ihn an sich eine stattliche Erschei-
nung. Dachte, es wäre gut für Dein Ego, einen
Mann zu haben, der kräftiger als Du ist. Schlüpfrig war er bei uns noch nie. Allerdings haben wir
ihn ja bisher auch nur dreimal gesehen. Und
wenn Mauro da ist, kommt ja kaum ein anderer
zu Wort. Du merkst schon, ich will mich raus-
reden. Es ist mir alles ganz schön peinlich.

Die Nachtkapp hat tatsächlich die Traute
gehabt, noch mal im Salon vorbeizuschauen.
Gestern. Ich solle nicht sauer sein, nur weil
er Dir einen Korb gegeben hat, hat er mir

zugezischt. Langsam habe ich auch den
Eindruck, daß sein Körpergewicht seinen
Intelligenzquotienten bei weitem übertrifft.
Er finde mich »die Schnuckeligere von uns
beiden«. Geschmack scheint er also doch zu
haben! (Hä, hä!!)

Ein klitzekleiner Vorschlag nur so am
Rande: Seit zwei Wochen haben wir einen
wirklich netten Neukunden im Eissalon.
Dunkle Haare und schmal gebaut. Auch er ist
allein. Single. Er trinkt nach der Arbeit
immer einen schnellen Espresso und macht
mir einen äußerst gescheiten Eindruck.
Hättest Du eventuell Interesse?

Die Weihnachtsvorbereitungen laufen
hier auf Hochtouren. Mauro will mit den
Jungs in den Wald zum Baumschlagen. Drei
Äxte hat er schon gekauft. Meinen Hinweis,
daß eine auch gelangt hätte, fand er kleinlich. »Du gönnst den Kindern aber auch
keinerlei Spaß«, hat er beleidigt erwidert.
Drei Männer mit drei Äxten – das Wald-
sterben nimmt kein Ende. Ich sehe schon die

Schlagzeilen: Wild gewordene Italiener rennen durch deutsche Wälder und zerhacken deutsche Bäume, und das alles nur, weil sie im Fußball verloren haben. Die Niederlage vorgestern abend hat Mauro tief getroffen. Vor allem, weil er dann immer mehrfach verliert. Live und am nächsten Tag bei uns im Eissalon. Dann, wenn ihn alle gehässigen Kunden noch mal drauf ansprechen und Szene für Szene in seiner verletzten Fußballseele wiederbeleben.

Baci, baci,
Deine tief beschämte Lucia

PS. Luigi macht mir wieder mal Kummer. Der Junge ißt zur Zeit gar nichts mehr. Weder koscher noch irgendwas. Er will heilfasten. Seinen Körper entschlacken und reinigen. Du ahnst wahrscheinlich, woher der Wind weht, genau: Eine neue Frau ist in sein Leben getreten. Rachel, die letzte, wird nicht mehr erwähnt und erscheint auch nicht mehr im Eissalon. Auf mein beharrliches Fragen hat er nur: »Geht dich null was an« gebrummelt. Ein heikles Alter. Die neue heißt Lena Luu mit Doppel-U und ist eine richtige Esoterikmaus. Latzhose, Räucherstäbchen und Meditation. Heilfasten gehört auch dazu. Sie sitzt stundenlang bei uns rum und trinkt ungesüßten Pfefferminztee. Dafür hat sie eigentlich relativ stramme Stampfer. Luigi schmachtet, fastet mit und wird von Stunde zu Stunde schmächtiger.

Wie soll der kleine Süße ohne was im Bauch eine Axt halten? Habe schon Horrorvisionen, wie ihm die Axt im Schwächeanfall aus der Hand gleitet und den Fuß spaltet. Oder den seines Vaters. Was dann immer noch besser wäre. Die Liebe ist einfach eine seltsame Angelegenheit. Kannst Du ihm nicht mal gut zureden?

Insalata di trote

(Florentiner Forellensalat)

250 g wacholdergeräucherte Forellen
1/2 Sellerieknolle
1 Apfel (säuerlich)
1 Banane
1 Orange
5 EL Mayonnaise (fertig)
3 EL Sahne
2 EL Zitronensaft
Cayennepfeffer

Die Forellenfilets mit einer Gabel in mundgerechte Stücke zerteilen und in einer Schüssel anrichten. Sellerieknolle waschen, schälen und feinhobeln. Apfel schälen und ebenfalls raspeln. Banane schälen und in dünne Scheiben schneiden. Orange schälen, in Schnitze zerteilen und die Filets häuten. Alles vorsichtig unter die Forellenstücke heben und die Mayonnaise-Sahne-Mischung darübergeben. Mit Salz, Pfeffer und Zitronensaft abschmecken.

Tip: Ein paar Walnüsse im Salat bringen das Blut in Wallung. Vorher knacken, hacken und drüberstreuen!

Dazu paßt: Alles, was die Forellen schwimmen läßt!

Summa summarum: 8,20 Mark

Bellini

2 weiße Pfirsiche
2 EL Zitronensaft
Champagner Veuve Monsigny oder Prosecco

Pfirsiche kurz in heißes Wasser legen, halbieren, Kern entfernen und schälen. Im Mixer pürieren, Zitronensaft dazugeben und auf die Champagnergläser verteilen. Vorsichtig eisgekühlten Champagner aufgießen und Salute!

Tip: Sind keine Pfirsiche zur Hand, den Champagner mit Pfirsich-Likör (Petit Fleur von Aldi) parfümieren.

Summa summarum: 8,50 Mark

19 Der Männer-TÜV

Berlino, 18. Dezember

69 kg (Geschenkhysterie, Kalorienverbrauch
durch hektisches Gerenne)
Dispokredit und ich haben identischen
Erschöpfungsgrad erreicht

Meine »Beste«,
hallo Lucia, du Kuppelmutter der Nation,

nehme Deine Entschuldigung an. Bin halt nun
mal nicht die Nachtragende von uns beiden.

Zum Thema capo abschließend nur noch
soviel: Sein Körpergewicht entspricht sogar
etwa dem Doppelten seines IQs. Ab jetzt
werde ich meine Männerangelegenheiten
völlig selbständig regeln. Das heißt im
Klartext, daß mich Dein schmalbrüstiger
Espressoschlürfer auf keinen Fall interes-
siert. Woher willst Du eigentlich wissen, daß
er gescheit ist? Hat er sich beim Bezahlen
noch nicht verrechnet? Kann er fehlerfrei
Guten Abend und Guten Tag sagen? Egal,
behalte ihn bitte selbst. Ich nehme von Dir,
wenn überhaupt, nur noch getestete
Exemplare. Überhaupt: Wäre das nicht die
Lösung? Eine Art Stiftung Warentest für
Männer. Ein TÜV. Oder MÜV: Männer-Über-
wachungs-Verein. Geprüfte Männer wären an
einer kleinen, sichtbar angebrachten MÜV-
Marke zu erkennen. Mängel damit von vor-
neherein klar zu sehen. Es gibt ja durchaus
welche, die man tolerieren könnte. Wenn
man gleich Bescheid wüßte, würde das das
Leben doch enorm vereinfachen.

Habt ihr schon alle Geschenke für mich,
die arme Tante aus Berlin, die immer noch
keinen Mann hat??? Kauft schnell, es sind
nur noch sechs Tage bis zum Fest. Bitte aus-
drücklich keinerlei Männerüberraschungen
an den Feiertagen! Das würde mir auf den
Magen schlagen, was schade wäre, denn ich
schmatze schon bei dem Gedanken an
Deinen »Panettone«. Schön, daß ihr über
Silvester zu den Eltern fahrt, ich habe mich
noch kurzfristig auf eine Singlefahrt ins

»weiße Glück« angemeldet. Skifahren nur mit Singles. Hat ein Berliner Radiosender organisiert, und das neue Jahrtausend auf einem verschneiten Gipfel zu beginnen, klingt doch verlockend, oder? Außerdem war es dermaßen günstig, daß ich kaum ablehnen konnte. Silke, die mit dem Meerschweinchen von nebenan, hat mich auf die Idee gebracht. Sie fährt auch mit. Obwohl sie auf keinen Fall einen Mann will. »So ein Meerschweinchen macht doch bedeutend mehr Freude und weniger Dreck«, ist ihr Standardspruch, und wenn das nächste Jahr mir nicht ein paar knackige Kerls bereit hält, werde ich eventuell auch noch zur Tierfreundin.

Bis dahin sind mir Tiere immer noch am liebsten paniert,

Ci vediamo subito,
baci, baci,
Rosanna

PS. Gehe doch nicht ins Kloster. Jetzt, wo ich auf dem besten Weg bin, noch schmalhüftig zu werden, wäre es doch schade, alles zu verhängen.

PPS. Habe 50 Mark für »Brot für die Welt« gespendet. Wer nichts Gutes tut, dem geschieht auch nichts Gutes, sagt Meerschweinchen-Silke von nebenan, und eventuell hat sie ja recht ... Ich will nur auf der sicheren Seite sein.

PPPS. Ich muß Dir sagen, ich fühle mich schon viel besser. Geld spenden macht Freude, beruhigt und hat keinerlei Kalorien und Nebenwirkungen. Herrlich.

Das Weihnachtsmenü – festlich

★   Zuppa di zucca (Feine Kürbissuppe)
★   Gallina di faraona e caponata
             (Perlhuhn mit Auberginengemüse)
★   Panettone (Weihnachtskuchen)
★   Gelato Tutti Frutti
             (Hausgemachtes Eis mit Früchten)

Zuppa di zucca

(Kürbissuppe)

1 ganzer Kürbis (3-4 kg) vom Markt
150 g geriebener Emmentaler
3-4 Tassen geröstete Weißbrotwürfel
1/4 l süße Sahne
Salz
schwarzer Pfeffer aus der Mühle

Vom Kürbis die Kuppe abschneiden. Den Deckel beiseite legen und mit einem Eßlöffel Fasern und Kerne aus dem Kürbis herausschaben. Den Kürbis zu drei Vierteln abwechselnd mit geriebenem Emmentaler und gerösteten Weißbrotscheiben füllen. Mit dem Deckel verschließen und im Backofen bei mäßiger Hitze (165 Grad) in etwa 1-2 Stunden garen. Zwischendurch ab und zu vorsichtig umrühren. Sowie das Kürbisfleisch weich ist, den Kürbis behutsam aus der Röhre nehmen (am besten mit vier Händen!) und auf einen großen, hitzebeständigen Servierteller stellen. Etwas Sahne einrühren, salzen und pfeffern.

Den Kürbis mit geschlossenem Deckel auftragen. In die vorgewärmten Teller einige geröstete Weißbrotwürfel geben, mit der Suppenkelle eine Portion vom zarten Kürbisfleisch herausschaben und geriebenen Emmentaler darüberstreuen.

Tip: Schneller geht es mit dem Kürbis, wenn man den Deckel abschneidet, Fasern und Kerne entfernt und das Fruchtfleisch herausschneidet, in einem Topf mit wenig Wasser gart und anschließend püriert. Sahne und Käse unterrühren und im ausgehöhlten Kürbis servieren.

Gallina di faraona e caponata

(Perlhuhn mit Auberginengemüse)

100 g Lauch

100 g Hühnerleber

Salz

4 Perlhuhnbrüstchen (oder Hähnchenbrust)

gemahlener weißer Pfeffer

100 g Süßrahmbutter

50 g Zwiebeln

1 Knoblauchzehe

50 ml Olivenöl extra vergine

1 Zweig frischer Thymian

50 ml Brühe (Instant)

gebrühter Faden

Alufolie

Den Backofen auf 180 Grad vorheizen. Lauch waschen und in Ringe schneiden, zusammen mit der Leber fein hacken. Etwas Salz zur Mischung geben. Die Perlhuhnbrust jeweils längs einschneiden, mit der Leber-Lauch-Masse füllen. Mit einem gebrühten Faden zubinden. Das Fleisch mit Salz und Pfeffer würzen, in gebutterte Alufolie packen und im Backofen auf mittlerer Schiene ca. 10 Minuten garen. Inzwischen die Zwiebel kleinschneiden. Die Thymianblättchen vom Stengel rubbeln, die geschälte Knoblauchzehe durch die Presse drücken. Olivenöl in einer Kasserolle erhitzen, die gegarte Perlhuhnbrust aus der Folie nehmen und mit Zwiebel, Knoblauch und Thymian anbraten. Das Fleisch herausnehmen und auf einem Holzbrett in dünne Scheiben schneiden. Warmstellen. Brühe in die Kasserolle geben, etwas einkochen und die Sauce mit der restlichen Butter aufschlagen. Die Fleischscheiben auf einer Platte anrichten und mit der Sauce begießen. Dazu gibt es eine Caponata (Auberginengemüse, s. S. 48.).

Panettone

(Weihnachtskuchen)

400 g Weizenmehl Type 405

50 g Zucker

20 g frische Hefe

Schale einer halben Zitrone (ungespritzt)

1/2 Messerspitze Vitamin C (Apotheke)

150 ml lauwarmes Wasser

3 frische Eigelb

1 Päckchen Vanillezucker

1 TL Salz

100 g Butter

50 g Korinthen

50 g Rosinen

50 g Zitronat

50 g Orangeat

Zum Bestreichen:

3 TL flüssige Butter

Mehl und Zucker in eine Schüssel geben. Zerbröckelte Hefe mit Vitamin C in die Mitte geben (kleine Mulde eindrücken) und mit 50 ml lauwarmem Wasser rasch mit etwas Mehl zu einem Vorteig rühren. Schüssel abdecken und ca. 15 Minuten warm stellen. Eigelbe, restliches Wasser, Vanillezucker, Zitronenschale, Salz und Butter zum Vorteig geben und alles zu einem geschmeidigen Teig verkneten. Die restlichen Gewürze (Orangeat und Zitronat etwas zerkleinern), Rosinen und Korinthen zum Teig geben und verkneten. Den Teig zu einer Kugel formen und unter einer geölten AldITüte gehen lassen, bis sich das Volumen verdoppelt hat. Nochmals kneten und wieder zur Kugel formen. Eine Springform (18-20 cm Durchmesser) fetten, den Teig einfüllen und mit Butter bestreichen. Dann nochmals kurz gehen lassen. Im Backofen auf der mittleren Schiene bei 200 Grad ca. 30 Minuten backen. Den Panettone auf ein Gitter stürzen, mit flüssiger Butter bestreichen und auskühlen lassen.

Dazu paßt: Heißer Milchkaffee oder Cappuccino mit aufgeschäumter Milch und Zucker aus vorgewärmten Tassen!

Gelato Tutti Frutti

(Hausgemachtes Eis mit Früchten)

100 g reife Aprikosen (mit Kern gewogen)

100 g Erdbeeren (oder Himbeeren)

100 g Birnen

200 g Zucker

1/2 l Wasser

Zucker und Wasser 10 Minuten kochen. Inzwischen die gewaschenen und geputzten Früchte pürieren und zum Zuckerwasser geben. In eine Plastikschale mit Deckel (ausrangierter Eisbehälter!) füllen und tieffrieren.

Tip: Tutti frutti heißt soviel wie »mit allen Früchten«. In der Regel reichen für die kalte Leckerei bereits wenige Sorten. In der Not geht es auch mit Dosen- oder Tiefkühlobst. Dazu aber nur die Früchte, nicht den Saft verwenden!

Zum Weihnachtsmenü paßt: Vorneweg Champagner, der bereits 3-4 Tage im Eisschrank gut kühl gelegen hat. Kräftiger Weißwein zu Suppe und Geflügel, z.B. Orvieto DOCG oder französischer Chablis AC. Mit Eis und Kuchen gibt es natürlich – typisch italienisch – einen Klassiker der 60er Jahre: Asti Spumante, dolce, aber bitte eisgekühlt, und zum Schluß Caffè corretto (rabenschwarz und stark, am besten Espresso) mit einem kräftigen Schuß Grappa Calvone!

Summa summarum für das ganze Weihnachtsmenu: 50 Mark ohne Getränke

20 Der Prinzenzauber

Calabria, 31. Dezember,
letzter Brief in diesem Jahr

Mein Horsokop sagt: »Sie können jemandem in
Ihrer Umgebung sehr helfen.« Oha!

Meine Kleine,

wie sagt Nina Ruge immer: Alles wird gut.
Ich habe beschlossen, es auf uns zu beziehen
und ihr einfach mal zu glauben. Vielleicht
auch nur, um optimistisch ins nächste Jahr
zu kommen.

Ich habe hier ein bißchen auf dem Boden
herumgestöbert und einen sensationellen
Fund gemacht! Ein altes Hexenbuch. Noch
von Mammas Großmutter. Die besten Zauber
habe ich für Dich aufgeschrieben und lege
sie Dir dringlichst ans Herz. Es gibt tatsächlich für jede Lebenslage den richtigen kleinen freundlichen Zauber. Ich meine natürlich nur weiße und keinerlei schwarze Magie.
Mamma und ich haben beschlossen, daß Du
am besten erst mal den probierst, der sich
»trovare il principe« nennt.

Du brauchst:

- Seidenbänder rot, weiß und grün
- ein paar Haarsträhnen (nicht rausreißen,
  es langen welche aus der Bürste)
- ein Büschel Majoran (zur Not geht auch
  Basilikum)
- ein Blatt Papier mit Deinem Namen drauf

Du machst:

Kaufe Majoran, wenn es geht an einem
Freitag. Umwickle das Bündel mit den roten,
grünen und weißen Bändern. (Geschenk-
band tut es auch.) Abends wickelst Du die
Bänder wieder ab und unterteilst das Majo-
ranbüschel in viele kleine, die Du dann auch
umwickelst. Lege in jedes Deiner Zimmer ein
Büschel. Bei Deiner Wohnung schnell
gemacht. Ein Büschel behältst Du übrig,
umwickelst es mit den Haarsträhnen und
dem Blatt Papier mit Deinem Namen. Gehe
zu einem Gewässer. Einem fließenden Gewässer. Küsse den kleinen Strauß, denke an

den zu findenden Prinz und werfe das Ganze ins Wasser.

Erfolg stellt sich innerhalb von höchstens zwei Wochen ein. Fantastico, gell?

So, Rosanna, jetzt dürfte nichts mehr schiefgehen. Bitte mach Dich sofort an die Durchführung und melde Dich subito bei mir.

Ach ja, weil Du wahrscheinlich nicht den Hauch einer Ahnung hast, wie Majoran aussieht, lege ich Dir ein Polaroid bei. Es gibt also keine Ausrede, es nicht wenigstens zu probieren.

Adesso, buona fortuna tesoro,
tua Lucia

PS. Luigi ist glücklich. Er hat sich rasend neu verliebt, und das in ein ziemlich »ausgeflipptes Teil«, wie Massimo sagt. Sie sieht wirklich absolut wild aus und will nichts mehr in ihrem kleinen Leben als zu VIVA. Oder wenigstens zu MTV. »Mein Englisch ist

dafür aber zu Scheiße«, hat sie mir in einem Gespräch erklärt.

Von Massimo sehe und höre ich wenig. Er ist dermaßen cool, daß man sich in seiner Nähe jegliche Eiswürfel sparen kann.

Ostriche all'aglio

(Austernpilze mit Knoblauch)

500 g Austernpilze

6 EL Olivenöl extra vergine

2 El Petersilie, feingehackt

2 EL Schnittlauch, feingeschnitten

2 Knoblauchzehen

1-2 EL Zitronensaft

weißer Pfeffer

1/2 TL Salz

Die Pilze vorsichtig säubern und in eine feuerfeste Form schichten. Mit Olivenöl begießen und ein wenig von der Petersilie und dem Schnittlauch darunterziehen. Knoblauchzehen schälen und mit dem

Messerrücken und wenig Salz zerdrücken. Zusammen mit der restlichen Petersilie, dem restlichen Schnittlauch und dem Zitronensaft zu den Pilzen geben. Salzen und pfeffern und im vorgeheizten Backofen bei 250 Grad auf mittlerer Schiene backen.

Tip: Austernpilze kann man auch in der Pfanne mit Olivenöl und Knoblauch brutzeln. Sahne dazu, und fertig ist die Antipasta!

Dazu paßt: Rosato Castel del Monte, DOCG, Italia.

Summa summarum: 11,60 Mark mit Wein

21 Die Neujahrsvorsätze
Berlino, 8. Januar
71 kg (Bin der einzige lebende Germknödel, rund und fettig.)

Ciao cara Lucia,

Palatschinken, Kaiserschmarrn und ihre vielen kleinen Verwandten haben mich gesehen und angesprungen. Dein Weihnachtsgeschenk, die Waage, die den Fettanteil des Körpers mißt, ist sehr gemein zu mir. Über ihre Anzeige könnte ich, wenn überhaupt, nur mit meinem Therapeuten sprechen. Da ich keinen habe, muß ich leider schweigen. Uff.

Der Urlaub war, was die Lerneffekte angeht, fast schon eine Studienfahrt (Erwachsenenbildung ...): Ich kann Parallelschwung und weiß aus erster Hand, daß Skilehrer im Bett weniger hermachen als auf der Piste. Obwohl das Prozedere ähnlich wie auf der Piste ist: Sie geben Anweisungen, und der Rest rackert sich ab. Fade. Trotzdem war die Eroberung ein Erfolg, schon weil mich alle Frauen und auch Sven, der tuntige Tontechniker aus München, ohne Ende beneidet haben. Es ist ein geiles Gefühl, sich als Siegerin zu fühlen, auch wenn die Konkurrenz recht mau ist und der Preis selbst gewisse Macken hat. Schorsch, so heißt der Preis, arbeitet im Sommer als Installateur und will unbedingt einmal in Berlin vorbeischauen. Hoffentlich trägt er seinen Skilehreroverall und am besten auch noch seine Sturmmütze.

Silvester war ansonsten wenig spektakulär. Ich habe mit Silke und etwa 27 anderen Singles auf der Terrasse unserer Berghütte gestanden, und um 00.00 haben wir ein bißchen gekrischen und uns gegenseitig abgeschmatzt.

Wie immer kam natürlich die Frage nach den guten Vorsätzen.

Meine lauten:

1. Meine Schwester nicht mehr verfluchen.
2. Größe zeigen und Grützke wieder grüßen.
3. Achselhaare auch im Winter entfernen.
4. Jeden Abend abschminken.
5. Studentenausweis zurückgeben.
6. Endlich Urlaubsfotos von 1971 bis heute einkleben.
7. Den Bankautomaten nicht mehr schlagen.
8. Gemüse nicht nur kaufen, sondern auch essen.
9. Freiwillig ins Theater gehen (Volkstheater und Lichtspieltheater, also Kino, zählen nicht).
10. Gerade gehen.
11. Cellulitiscreme länger als drei Tage verwenden.
12. Bügel-BHs nie mehr in die Waschmaschine tun.
13. Männer mit Hamsterpenissen nicht mehr auslachen.
14. Silke nicht nur ausnutzen.
15. Nie auf öffentliche Klos setzen.
16. Jogginghosen nicht nur auf dem Sofa tragen.
17. Im Theater nicht vor der Pause wieder abhauen.
18. Betten, auch nur für mich, jede Woche frisch beziehen.
19. Männer direkt ansprechen.
20. Mamma ernst nehmen (wenigstens manchmal).

Jetzt weißt Du definitiv Bescheid.

Ispirata,
Rosanna

PS. Habe Frau Kranacher getroffen. Bei Hennes und Mauritz. Sie trägt 164!! Kleidergröße! Das ist Kindergröße, und ihre Begleitung hat das dazu passende Alter. Der Typ war circa 23, und die Kranacher ist locker in Mauros Alter, also weit über 40!

Frau Kranacher hat jetzt Haare bis zum Po. Extensions. Fühlen sich komisch an. Wie Barbiehaare.

PPS. Thema Haare: Meine ausgerupften, der Majoran und die Bänder verstopfen inzwischen wahrscheinlich einen Seitenarm der Spree. Du merkst, ich höre auf Dich.

Crostini alla rustica

(Überbackenes Weißbrot)

12 Scheiben Ciabattabrot oder Toastbrot

50 g Süßrahmbutter

2 Eigelb

etwas Sahne

150 g *geriebener Parmesan* (oder Emmentaler)

*frisch gemahlener schwarzer Pfeffe*r

Grill oder Backofen auf 200 Grad erhitzen. Ciabattascheiben buttern (vom Toastbrot die Rinde abschneiden). Parmesan (oder Emmentaler), Eigelb und Sahne zu einer dicken Masse verrühren. Weißbrot damit bestreichen. Frisch gemahlenen Pfeffer darübergeben und ab unter den Grill, bis die Crostini goldgelb und knusprig gebacken sind.

Tip: Knusprige Crostini in dicke Suppen und Dips tauchen bringt so richtig Spaß beim Essen! Buon Appetito!

Dazu paßt: Gavi, DOCG, Italia.

Summa summarum: 10,20 Mark con vino bianco

22 Das Banana-Split

Francoforte, 27. Januar

O sole mio ... Jupiter zerrt an mir.

Ciao bella,

finde es sehr lobenswert, daß Du »trovare il principe« versucht hast. Du wirst sehen, alles wird anders. Hoffe inständig, Du hörst wirklich auf, Bankautomaten zu schlagen.

Ich selbst habe wenige gute Vorsätze fürs neue Jahr gefaßt. Wieso auch? Beweist nicht mein Leben mit drei Männern, daß ich täglich alle guten Vorsätze dieser Erde brauche?!

Mauro hingegen hat welche, er will mehr selbst machen und endlich den Papst besuchen. Vielleicht raucht er dann auch nur noch Lights. Aber nur wenn das mit dem Papst klappt. Die Verbindung zwischen dem Papst und dem Lightrauchen hat sich mir noch nicht erschlossen, aber man muß ja auch nicht alles verstehen. Ein wichtiger Leitsatz für jede Ehe übrigens. Versuch nicht alles zu verstehen! Bitte merk ihn Dir! Solltest Du doch noch mal heiraten ...

Vorgestern hatte ich eine Begegnung der dritten Art. Ein zotteliger, kleiner Kerl kam in den Salon und bestellte ohne auch nur ein höfliches Wort ein Banana-Split. Etwa so: »Hier du, einmal Banana-Split.« Als ich es ihm servierte, meckerte dieser verfilzte Zwerg über die Sahne auf dem Banana-Split. »Ich hasse Sahne«, hat er lautstark genölt und mich frech angeguckt. »Lucia«, habe ich zu mir selbst gesagt, »Lucia, calmati, das ist Kundschaft.« Also habe ich ihm freundlich, aber bestimmt erklärt: »Das müssen Sie mir vorher sagen, dann kann ich die Sahne weglassen«, und da erdreistet sich der Kerl, mir, einer erfahrenen Eisfachfrau, zu sagen: »Banana-Split kommt nie, niemals mit Sahne.« Das ging dann doch zu weit. Ich kann mir doch nicht von einem Minderjährigen sagen lassen, wie Banana-Split gemacht wird. Als ich also gerade leicht ausrasten will, kommt Luigi von hinten in den Salon gestürmt, und ich sehe sofort, daß irgendwas mit dem Gast nicht stimmt. Ist es der Drogendealer der Schule oder der Bruder seiner neuen Flamme, denke ich noch, bis Luigi mir zuzischt, daß es sich um einen der berühmtesten und coolsten DJs und VJs auf VIVA handelt, der hier einfach so bei uns im Salon sitzt. Den Namen habe ich leider schon wieder vergessen. Luigi hat ihm das Banana-Split weggerissen und sofort ein neues gebracht. Ohne Sahne, »wie es sich gehört«. Ist mein Sohn ein devoter Masochist? Wieso erniedrigt er sich so? Für Sophia Loren, okay. Aber für diesen Kerl? »Der ist für uns wie Sophia Loren für dich«, hat mir Luigi die Lage erklärt, nachdem der ungepflegte Zwerg den Laden verlassen hatte. Das Ende vom Lied: Die dreckige Schale des Ohne-Sahne-Banana-Splits steht in seinem Zimmer auf einer Art Altar. Seitdem ist sein Zimmer Pilgerstätte. Soviel zum Thema Prominenz.

By the way: Mauro ist nicht weit über 40, sondern 42 einhalb und ziemlich beleidigt, weil ich ihm diese Passage Deines Briefes vorgelesen habe.

»Regina di Banana Split«,
Lucia

PS. Das Universum ist groß, die Galaxien sind weit, es wird auch für Dich der Richtige dasein. Irgendwo da draußen. Besinne Dich auf Deine kosmischen Energien.
PPS. Massimo wünscht sich einen Maserati zum 18.
PPPS. Luigi hat Kondome in seinem Zimmer. Ich habe sie beim Aufräumen in seiner Schublade gefunden. Es fehlt eins. Hat er etwa schon oder doch nur gespielt ... Oder beides?

Salsa di pomodori

(Hausgemachte Tomatensauce)

1 kg reife Strauchtomaten
100 ml Olivenöl extra vergine
100 ml Balsamico-Essig
Salz
schwarzer Pfeffer aus der Mühle
2-3 Lorbeerblätter
3 Salbeiblätter

Tomaten für 1-2 Minuten in kochendes Wasser legen, Stiele entfernen und häuten. Das Fruchtfleisch mit einer Gabel zerdrücken. Öl, Tomaten, Lorbeer- und Salbeiblätter in einem großen Topf aufkochen. Salzen und pfeffern nach Geschmack und 15 Minuten weiterkochen lassen. Den Topf vom Feuer nehmen, Lorbeer- und Salbeiblätter entfernen, Balsamico-Essig zugeben und gut durchrühren.

Tip: Frische Tomatensauce bleibt locker eine Woche frisch. Einfach nur mit Butter, Parmesan, Peperoncini oder kleinen Chilischoten und Kräutern lassen sich leckere Varianten zaubern!

Summa summarum: 4,80 Mark

Salsa di erbe fini

(Frische Kräutersauce)

1 Knoblauchzehe
4 EL Olivenöl extra vergine
Salz, *schwarzer Pfeffer aus der Mühle*
1 kleine rote Chilischote
je 1 Bund Basilikum, Oregano, Majoran,
Thymian

Kräuter waschen, mit Küchenkrepp trockentupfen, Blätter zupfen und fein hacken. Knoblauch schälen und mit etwas Salz und der breiten Messerseite zerdrücken und mit Olivenöl verrühren. Mit Salz und Pfeffer abschmecken. Chilischote waschen, in Ringe schneiden und zusammen mit den feingewiegten Kräutern in die Sauce rühren.

Tip: Mit der aromatischen Sauce lassen sich Spaghetti, Maccheroni (so lang wie Spaghetti, dicker und hohl), Papardelle (sehr breite Bandnudeln) und Gnocchi (Kartoffel- oder Grieslklößchen) würzen. Und die leckere Kräuterpaste auf Ciabatta-Brot schmeckt molto bene!

Summa summarum: 4,80 Mark

23 Die Nicky-Leggings

Berlino, 20. Februar

70 kg, vorsatztreu und dennoch verfressen

Cara Lucia,

Luigi benutzt Kondome, das ist doch lobenswert. Willst Du, daß Dein Kleiner sich einen Pilz oder Schlimmeres einfängt? Aber ich glaube eigentlich, er hat noch nicht. Er hat so was Unschuldiges im Blick. Aber Dein Massimo kann auch unschuldig gucken und, na ja, ich darf ja nichts verraten. (Die Neugier zerreißt Dich fast, stimmt's??)

Gestern war Mittwoch, und Mittwoch ist mein persönlicher Schnäppchentag (Mikrowelle, Blutdruckmesser, Jogginghosen ...). Wie Du weißt, und wie andere mit Blick auf mein Unterteil schnell erahnen, bin ich bekennende Cantuccinikekssüchtige und kaufe immer mittwochs meine Ration. Mit mehr als einem Wochenvorrat im Haus wächst die Diskrepanz zwischen meinem Oben und meinem Unten auf Dauer allerdings ins Groteske. Eigentlich bin ich sowieso davon überzeugt, daß mein Unterteil nicht wirklich für mich bestimmt war und nur versehentlich mit meinem Kopf und Oberkörper zusammengeriet. Deshalb bin ich in letzter Konsequenz für meinen Hintern auch nicht verantwortlich!!

Dieses effektive Wegschieben von Unangenehmem, selbst mit den schwachsinnigsten Thesen, habe ich aus einem Seminar.

Einem Volkshochschulkurs mit dem Titel: »Radical positive thinking for the new millenium«. Radical war besonders die Frisur der Kursleiterin, eine Mrs. Wonny, die eine dermaßen verkorkste Dauerwelle hatte, daß ich ihr stundenlang voller Entsetzen auf den Kopf starrte. Ihre Reaktion war typisch für den Kursinhalt. Sie erwischte meinen Blick und sagte: »Seit ich diesen Feudelmop auf dem Kopf habe, errege ich bei den Menschen ein irrsinniges Aufsehen und Interesse.« Ein solches Ego ist eine Gottesgabe, oder? Nebenbei bemerkt, diese Person hat trotz dieser kraß verkrotzten Haare einen Mann. Vielleicht muß auch ich nach England auf die Suche gehen! Die scheinen ganz andere Auswahlkriterien zu haben als die Herren hierzulande.

Zurück zu meinem Mittwochsritual. Es war wieder mal ziemlich voll bei Aldi, und in der Hektik habe ich mir die Nicky-Leggings für 12,98 DM aus dem Angebotskorb in der falschen Größe geschnappt. Es war ähnlich wie mit Schorsch, dem Skilehrer: Ich war so stolz, eine Leggings ergattert zu haben, daß die Tatsache, daß ich Leggings an sich nicht mag, sie, genauer gesagt, verabscheue, ebensowenig zählte wie die Größe. Wichtig war nur, daß die Frau auf der anderen Wühlkorbseite im Kampf den kürzeren gezogen hatte. Ich bin eben doch kein wirklich guter Mensch. (Muß nach dieser Boshaftigkeit schnell wieder spenden ...)

Voll des schlechten Gewissens bin ich nämlich eine Stunde später noch mal hin, um die gräßlich peinliche Hose umzutauschen. Gar nicht so einfach, eben mal was umzutauschen, wenn an der einzig offenen Kasse eine Schlange von etwa 40 m steht. Ich probiere also die dreiste Masche und spreche einen Typen an, der relativ weit vorne steht. Gepflegter Anzug, kurzer Trench drüber, schicke Gesamterscheinung. Gegeltes Haar, brauner Teint. Freundlich ist er auch noch, denn er nickt auf meine Frage gnädig und schiebt seinen Einkaufswagen, in dem außer Unmengen Schampus nichts drin ist, ein wenig zur Seite. »Welch ein Mann«, denke ich und kann mich kaum auf das Gespräch mit der Kassiererin konzentrieren. Am liebsten hätte ich das mit dem Umtausch in Anbetracht des schönen Mannes eh einfach gelassen. Peinlich, wenn der sieht, was ich für Hosen kaufe. Deshalb habe ich, betont laut, zur Kassiererin gesagt: »Meine kranke Nachbarin hat heute morgen diese Leggings gekauft und würde sie gerne zurückgeben, geht das?« Die Kassiererin hebt den Kopf, mustert mich gründlich und sagt nur: »Ja, Sie kriegen Ihr Geld wieder, aber nur mal aus Interesse: Ihre Nachbarin, die kranke, ist die eventuell Ihr Zwilling, sind Sie eineiige Zwillinge? Sie sehen nämlich genauso aus.« Ziege, blöde. Ich schnappe die 12,98 DM, lächle so kokett wie möglich hinter mich zu dem Beau und will mich vom Acker machen. Da passiert es:

»Haben Sie nicht was vergessen«, ruft er mir hinterher. Der Laden glotzt. Ich bin irritiert, weil ich ja gern mal was vergesse, und schüttle den Kopf. »Doch, na klar«, schreit er, »Sie haben mich vergessen.« Die Schlange an unserer Kasse applaudiert. Ich muß sagen, ich war auch sofort beeindruckt. Trotzdem habe ich in dem Moment natürlich keinen vernünftigen Satz rausgekriegt. Mit halboffenem Mund standen wir nun hinter der Kasse, und der Laden war so still, wie ich es nie zuvor erlebt habe. Er zog mich ein bißchen zu sich heran und sagte so leise, daß ich es gerade noch hören konnte: »Ich habe meine Telefonnummer verlegt, leihen Sie mir Ihre?«

Ich habe und warte nun sehnsüchtig. Deshalb war ich die letzten Male auch so kurz angebunden am Telefon.

Verliebt wie ein Teenager,
Rosanna

PS. Habe den Bankautomaten gestreichelt, obwohl er meine Karte aufgefressen hat. So sanft bin ich seit meiner Begegnung mit Mister Unbekannt.

Pastateig

300 g Weizenmehl
2 Eier (120 g mit Schale gewogen)
1 EL Olivenöl extra vergine
ca. 3 EL Wasser

Den Teig zubereiten wie für Ravioli (S. 44). Dann den Teig in vier Teile schneiden und jeweils zu Rechtecken von 20 x 35 cm ausrollen. Teig dabei immer von der Arbeitsplatte lösen, damit er nicht anklebt. Kurz antrocknen lassen und mit Mehl bestäuben. Die Teigrechtecke jeweils von der längeren Seite zur Mitte hin locker zusammenlegen. Jetzt können die Teigstränge quer zu Nudeln geschnitten werden. Je nach Schnittbreite heißen sie dann: Fettuccine (1/2 cm breit), Tagliatelle (1 cm breit) oder Papardelle (2-3 cm breit). Geschnittene Nudeln mit dem Messer von der Arbeitsfläche lösen, locker mit Mehl bestäuben und bis zum Kochen auf Tüchern ausbreiten oder, in Plastikbeuteln verpackt, tiefkühlen.

Tip: Hausgemachte Pasta aktiviert die Glückshormone schon vor dem Essen: Nudeln schneiden, drehen und in witzige Formen bringen macht Spaß, und mit etwas Übung fallen sie dann auch irgendwann picobello vom Messer. Das Ergebnis macht so richtig Eindruck und schmeckt wunderbar. Was für sonntags!

Summa summarum: Knapp 'ne Mark!

Focaccia al rosmarino

(Olivenbrot mit Rosmarin)

400 g Weizenmehl Type 405

20 g frische Hefe

1/2 Messerspitze Vitamin C (Apotheke)

1 1/2 Tassen lauwarmes Wasser

1/2 TL Salz

150 g geriebene gekochte Kartoffeln

Für den Belag:

50 g getrocknete Tomatenstücke

50 g schwarze Oliven

2 EL frische Rosmarinnadeln

3 EL Olivenöl extra vergine

1/2 TL Salz

Mehl und Salz in eine Schüssel geben. Mit dem Zeigefinger eine Mulde eindrücken. Die mit der Hälfte des lauwarmen Wassers aufgelöste Hefe und eine Prise reines Vitamin C aus der Apotheke dazugeben. Mit etwas Mehl verrühren und an einer warmen Stelle zugedeckt ca. 15 Minuten gehen lassen. Das restliche Wasser und die geriebenen Kartoffeln (lauwarm) dazugeben und alles rasch und gut zu einem glatten Teig verkneten. Zugedeckt aufs doppelte Volumen aufgehen lassen (1/2 Stunde). Nochmals kräftig kneten und auf ein gefettetes Backblech geben. Mit den Handballen glattdrücken. Tomatenstücke, Oliven, Rosmarinnadeln und Olivenöl auf dem Teig verteilen. Mit Salz bestreuen und die Focaccia vor dem Backen weitere 10 Minuten aufgehen lassen. Im Anschluß ca. 30 Minuten in der unteren Hälfte des auf 200 Grad vorgeheizten Ofens knusprig backen.

Tip: Vitamin C am Essen? Davon geht zwar nicht der Husten weg, dafür heizt die reine Ascorbinsäure (aus der Apotheke) den Hefeteig so richtig an. Eine Messerspitze davon verkürzt die Gehzeit auf die Hälfte. Super, oder?

Dazu paßt: Vom Aperitif (z.B. Champagner mit einem frischen Zweig Rosmarin) bis zum schweren Roten (Chianti oder Shiraz Cabernet, Australien) so ziemlich alles, was gute Laune macht!

Summa summarum: 4,50 Mark

24 Die Kreppel-Zeit

Francoforte, Februar quasi finito

Helau, ein dreifach donnerndes Helau!

Aszendent zur Zeit Kreppel

(Ihr Berliner sagt Berliner ... Helau!)

Liebe Rosanna,

die Nicky-Leggings beweisen aufs Eindrück-lichste: Auch schlechter Geschmack kann glücklich machen. Ich drücke Dir beide Daumen und bin entzückt, daß Magie doch noch eine der wenigen verläßlichen Größen ist. Das neue Jahrtausend scheint uns Fortunatos sehr gewogen, denn wir Wahl-hessen hier in Francoforte sind auf dem direkten Weg zur ersten Million. Forza. Und das durch unsere, genauer gesagt, meine geniale Idee, unseren Eissalon als Location für Partys zu vermieten.

»Eventmarketing« heißt das Zauberwort, denn heute langt es den Leuten nicht mehr, einfach nur Eis zu essen. Wenn Du siehst, wie hier manche Paare rumsitzen und schweigend ihre Eisbecher anstarren, als würden sie darauf warten, daß die Kugel Vanille aus dem Becher springt und ihr Leben erheitert oder wenigstens einen Witz erzählt, dann ist klar, warum es ihnen nach Ansprache dürstet. Deprimierend. Deshalb wollen die Menschen beim Eisessen oder wo auch immer unterhalten werden.

»Dann machen wir halt den Fernseher an«, war Mauros innovativer Vorschlag, über den selbst die Jungs herzhaft gelacht haben. »Wir bieten an einem Abend der Woche Programm, immer etwas Besonderes«, war meine Idee. »Vielleicht was mit Fußball«, kam es gleich von Mauro, »einen Großbildschirm, Pay-TV und dazu einen ›Trabatoni‹. Das könnte eine Sensation werden. Laß uns subito den Gigafernseher kaufen und das Programm zunächst im Kreise der Familie testen.« Massimo und Luigi waren sofort Feuer und Flamme für die Hirngespinste ihres Vaters. Ich als Finanzvorstand der famili-gia habe selbstredend abgelehnt.

Angefangen haben wir jetzt erst mal mit Kinderprogramm am Nachmittag. Gestern war große Faschingsparty. Ich bin als Eis gegangen. Naheliegend, gell? Habe mir auf ein Bettlaken nur runde Stoffflecken genäht. Fertig.

Die Leute sind begeistert von der Idee, ihre Kinder für 2,5 Stunden los zu sein. Dafür zahlen sie gut und sogar gerne. Ich ködere die ragazzini mit Süßigkeiten jeder Art, und dazu gibt es dann »Bambini-Bowle«. Es ist ein bißchen wie bei McDonalds-Partys, nur ohne Burger und Pommes, und statt Ronald McDonald haben wir Mauro, der gestern den Mafioso gespielt hat. Mit Hut, Knarre und dreiteiligem Anzug. Massimo verkleidet sich nicht, aus Prinzip, weil es albern ist und so, und Luigi sieht immer verkleidet aus. Du siehst also, alles wie immer.

Pazzia pura
Ciao Lucia

PS. Möchte selbstverständlich alles erfahren!! Hat er angerufen? Wann? Was hat er gesagt? Ist er lose und ledig? Hat er Geld? Küßt er gut??
PPS. Denk dran: »Willst Du gelten, mach Dich selten« ...

Trabatoni

(ohne Alkohol)

4 cl Milch 3,5% (2 kleine Schnapsgläser)
10 cl Maracujasaft
4 Eiswürfel

Alle Zutaten im Shaker kräftig schütteln und durch ein Sieb in zwei Gläser abseihen.

Tip: Achtung, Cocktailfreunde: Wer beim Schütteln bella figura machen möchte, schüttelt den Shaker nur mit einer Hand.

Summa summarum: 2 Mark

Sophia Loren

2 cl Wodka (Czerwi) 40%

2 cl Kirschlikör

2 cl frisch gepreßter Zitronensaft

Champagner Veuve Monsigny, brut

1 Cocktailkirsche

Den Wodka, den Kirschlikör und den Zitronensaft im Shaker, Schüttelbecher oder Mixer mischen, ins Glas geben und mit Champagner auffüllen. Mit einer Cocktailkirsche garnieren.

Tip: Damit der Mix auch seine Wirkung tut, sind die Maße wichtig: 2 cl = 1 kleines Schnapsglas, 4 cl = 1 großes Schnapsglas.

Summa summarum: 6 Mark

Zia Lucia

4 cl Rum

1 cl Amaretto

brauner Zucker

1 Tasse Espresso

1/8 l Sahne

Alle Spirituosen in einem Topf vorsichtig erwärmen, Zucker unterrühren, Espresso dazugießen, umrühren und dann in zwei hitzebeständige Gläser füllen. Die leicht angeschlagene Sahne darübergeben.

Summa summarum: 4,30 Mark

Bambini-Bowle

150 g frische Erdbeeren

1/2 l Fruchtsaft

1/4 l Mineralwasser

2 Kiwis

Erdbeeren waschen, Stiele und Blätter entfernen und im Mixer pürieren. Mit Fruchtsaft und Mineralwasser mischen. Kiwis schälen und in kleine Stücke schneiden. Bowle auf Gläser verteilen und mit den Früchten garnieren.

Tip: Die Bowle reicht für vier Gläser.

Summa summarum: 4,80 Mark

25 Der Anruf
Berlino, 10. März

68 kg, schwebend und naturstoned (berauscht vom Nichts)

Attenzione Lucia,

habe Horrortage hinter mir. Tage ohne Anruf! Hier die Chronologie der »Nicht-Anrufe«:

Einen halben Tag war ich felsenfest überzeugt, dieser Mann an der Kasse wäre ein Tagtraum gewesen, den Rest des Tages habe ich damit verbracht zu glauben, daß er ganz sicher meine Telefonnummer vergessen hat. Oder einige Zahlen nicht mehr genau weiß und deswegen seit Tagen mit mittlerweile blutigen Fingerkuppen alle möglichen Kombinationen durchprobiert. Hätte ich ihn bloß gezwungen, sie aufzuschreiben!! Am zweiten Tag war ich sicher, er hätte angerufen, als ich mal schnell runter zum Supermarkt bin. Am dritten Tag habe ich gedacht, er hätte einen schweren Autounfall gehabt, und habe alle größeren Krankenhäuser angerufen. War diffizil, weil ich ihn ja nur beschreiben konnte. Sehr hilfsbereit waren die im übrigen nicht in den Krankenhäusern. Dafür, daß die Pflegepersonal heißen. Keinerlei Sensibilität. »Ick hab keene Zeit für sonne Nervereien«, war noch das Netteste. Am vierten Tag war mir klar, daß er mich nur verarscht hat, nachmittags habe ich zu der Hypothese tendiert, er hätte eine Wette mit Freunden verloren und deshalb irgendeine blöd ansprechen müssen. Wo waren die Freunde nur versteckt? Oder war es die »Versteckte Kamera?«, und der Typ war der Moderator? Warum hat er sich dann nicht zu erkennen gegeben? Wahrscheinlich, weil ich eines der Opfer war, die nicht originell genug reagiert haben. Wird die Nation mich, in einem kurzen Filmausschnitt mit einer geschmacklosen Nicky-Leggings in der Hand, auslachen? An einem der Samstagabende, an denen ich wieder allein auf meiner Korbcouch hocke? Scheiße.

Am fünften Tag hat er angerufen. Ist Gott eventuell doch gerecht?

Hier Teile des ersehnten Gesprächs:

Klingeln. Ich hebe ab.

Ich sage: Fortunato hier.

Er sagt: Ciao bella. Darf ich dich wiedersehen? Wenn es geht, woanders als im Aldi?

Ich sage: Ja, gern. (Nicht sehr ausgefallen, ich weiß.)

Du siehst, ein Mann, der nicht stundenlang drumherumschwafelt. Wir waren noch am selben Abend zusammen aus. In einer Bar. Haben diverse »Eros« getrunken und geflirtet wie verrückt. Und dann, ...

Nein, nein, dann ist jeder brav heim. Du darfst stolz auf Deine triebunterdrückende Schwester sein.

Jetzt der Oberknaller: Er heißt Roberto, ist Italiener, kommt aus Mailand und arbeitet bei Allitalia am Boden. Und: Er lacht über meine Witze. Stell Dir das mal vor! Logisch, daß ich mich nach ihm verzehre und nicht garantieren kann, das nächste Mal wieder so bescheuert anständig nach Hause zu gehen. Er ruft täglich an.

In heillosem Aufruhr,
Rosanna

PS. Schmiere mir total dekadent Abend für Abend meine Nachtcreme auch auf Hals und Dekolleté. Ein bißchen sogar auf den Po. Die Masse sollte wenigstens weich sein ... Alles nach dem Motto: Tragen Sie bitte dick auf.

Kannst Du Dir ruhig auch mal gönnen, Du »panino di avarizia« (Sparbrötchen): Nachtcreme, bei Aldi 4,98 DM. Wer am Hals spart, hat später enorme Kosten für Perlencolliers. PPS. Habe gestern abend zwei Stunden mit Mamma telefoniert und sie angefleht, sich einen Internetzugang zu beschaffen. Nach den zwei Stunden fragt sie mich, ob das auch mit der Stereoanlage geht oder ob man unbedingt einen Computer braucht. Hoffnungslos!

Bagna cauda

(Anchovis-Dip)

1/8 l Olivenöl extra vergine

3 Knoblauchzehen

50 g Anchovis (Dose)

75 g Butter

250 g frisches Gemüse (Karotten, Gurken, Paprika, Sellerie)

Das Öl in einer kleinen Pfanne erhitzen. Den geschälten und zerdrückten Knoblauch sowie die gut abgetropften und grob zerkleinerten Anchovis dazugeben, auf kleiner Flamme 15 Minuten dünsten. Umrühren. Butter dazugeben und schmelzen lassen. Gemüse waschen und putzen und in einer Glasschüssel hübsch anrichten.

Tip: Die gesunden Gemüse werden munter ins »heiße Bad« getunkt und roh verzehrt! Bagna cauda bleibt auf einem Stövchen länger lecker!

Summa summarum: 7,80 Mark

Eros

4 cl Grappa (Grappa di Chardonnay)

2 cl Pfirsichlikör (Petite Fleur)

2 cl frisch gepreßter Zitronensaft

1 Zitronenscheibe

Alle Zutaten im Shaker, Schüttelbecher oder Mixer mischen. In ein Glas füllen und mit einer Zitronenscheibe garnieren.

Summa summarum: 3,50 Mark

26 Die Libido-Nelke

Francoforte, 21. März, Frühlingserwachen

Horoskoplage ruhig

Cara Rosanna,

»Sei contenta come una pasqua«, und ich freue mich für Dich.

Rispetto. Daß es ein Italiener ist, überrascht mich nicht sehr. Was glaubst Du, warum Du ein rot-grün-weißes Bändchen um den Majoran binden mußtest? Hältst Du das alles wirklich für Zufall? Ich bitte Dich, meine Kleine!

Ein Vogel und ein Fisch können viel Spaß zusammen haben, aber wo sollen sie ihr Nest bauen? Capisce? Na, siehst Du. Die italienischen Männer sind nicht besser als andere, aber wir kennen uns besser mit ihnen aus. Außerdem wird Mamma so glücklich sein.

Um genau zu sein, sie ist sehr glücklich, denn ich habe sie natürlich direkt informiert. Sie hat sich wirklich schon Sorgen gemacht und schickt Dir erleichterte Grüße und Küsse. Sie hofft auf eine bambina, ein Mädchen, finalmente.

Um das Feuer der Leidenschaft und der Begierde noch zu verstärken, empfehle ich folgenden, schnell zu machenden Zauber:

»Libido-Nelke«

Du brauchst:

Blütenblätter von roten Nelken

1 Flasche Champagner (Sekt geht auch)

Nelkenblüten in den Schampus, eine Weile ziehen lassen und dann durchseihen. Nelken nicht mittrinken!!

Nicht in der Öffentlichkeit zu Euch nehmen, wirkt sehr schnell!!!

Dieser Zauber macht die Trinkenden verrückt aufeinander. Alles an Mauro probiert. Es funktioniert. Ich wünsche viel Spaß (mein Gott, wie ich Dich beneide!!). Bitte lasse mich wenigstens ein bißchen teilhaben und berichte über die pikantesten Details … (Lechz!)

Ansonsten behalte einen klaren Kopf. Nicht gleich den Bausparvertrag überschreiben. Auch nicht die Rentenansprüche.

Baci, tesoruccio
Lucia

PS. Massimo hat neuerdings eine feste Freundin. Völlig verfallen ist er ihr. Mauro nennt sie nur »die ältere Frau«. Ganz übertrieben ist das nicht, denn Miriam ist immerhin 28. Was will die mit einem Bub, der noch nicht mal einen Führerschein hat? Merkwürdig. Eines Abends habe ich meinen Mut zusammengenommen und Massimo ein Gespräch darüber aufgezwungen. Nach zwei Sätzen hat er seine wunderschönen Zähne gebleckt und gesagt: »Mamma, ich weiß, was Sache ist. Miriam will nur eins von mir: meinen Körper, und das ist gut so. Ich kann viel von ihr lernen.« Was, wollte ich dann doch nicht mehr wissen. Nachher sind es Dinge, die ich noch nie gehört habe. Geschweige denn getan. Diese Blamage wollte ich mir und dem Jungen dann doch lieber ersparen. Ich habe Mauro gebeten, rauszufinden, worum es geht und ob wir es kennen!

Luigi nennt die Beziehung von Massimo Sozialarbeit. »Mein Bruder macht mit bei: Ein Herz für Senioren«, posaunt er überall herum.

Riso di Napoli

(Neapolitanischer Reis)

150 g Reis

1/2 l Fleischbrühe (Instant)

2 EL Olivenöl extra vergine

1 Zwiebel

2 Tomaten

Salz

schwarzer Pfeffer aus der Mühle

100 g *geriebener Parmesan* (oder Emmentaler)

Zwiebel schälen, fein würfeln und in einer Pfanne im Olivenöl goldbraun anbraten. Reis einrühren und anrösten. Tomaten brühen, pellen, in Scheiben schneiden und dann zum Reis in die Pfanne geben. Fleischbrühe angießen, Pfanne mit einem Deckel schließen und garen lassen (ca. 15 Min.). Vor dem Anrichten salzen, pfeffern und mit geriebenem Käse überstreuen.

Tip: Ein Reistag mit Gemüse in der Woche, und die Pfunde weichen! (Alte toskanische Bauernweisheit!)

Summa summarum: 3,50 Mark

27 Die Reptilaugen
Berlino, 28. März
69 kg leicht, felice di tutto cuore

Ciao Lucia,

habe gerade wieder mal ein Fax bekommen: »Vorrei essere il planeta nella tua orbita!!!« Ist das nicht süß? So geht es Tag für Tag. Faxe, Zettelbotschaften und Telegramme. Silke (die mit dem Meerschweinchen, das leider zur Zeit schlimme Bronchitis hat und es, meiner Meinung nach, nicht mehr lange machen wird) meint, der Kerl könne

kein normaler Mann sein. Sie hofft für mich, daß es keine Transe oder so ist. »Normale Männer verhalten sich anders. Das, was der macht, ist keinesfalls artgerecht, da stimmt was nicht«, hat sie mir zu bedenken gegeben. Mir ist es auch ein bißchen unheimlich, aber ich genieße es nichtsdestotrotz.

Roberto ist tatsächlich nicht nur schön, sondern auch sexy wie nur was. Du wolltest Details, Du sollst sie kriegen, bitte sehr:

Er ist groß, für italienische Verhältnisse allemal. Etwa 1,79 m. Gut, mit Schuhen. Aber immerhin. Lucia, ich habe nie gesagt, er wäre ein Riese. Er hat längeres dunkles Haar, hinten eine winzig kleine Stelle, an der es etwas lichter wird (sprich ihn keinesfalls darauf an, solltest Du ihn kennenlernen!!) und dazu tiefbraune Reptilaugen. Roberto hat einfach Stil und kann die tollsten Sachen. Und er ist kein Hamstermann ... (you know what I mean ...)

Ich bete ihn an, vor allem weil er mich anbetet. So was erspart viel Geld beim Therapeuten. Und bei Gucci, Armani und Versace. Außerdem kennt Roberto einen super Laden, in dem man den Kram günstiger bekommt. Outlet Stores nennt man die. Habe Prada-Schlappen für den halben Preis gekauft. Slingpumps. War extra schon bei der Fußpflege. Für die Pumps. Da kam es dann auch nicht mehr drauf an. Vor allem nach dem, was ich bei den Pumps gespart hatte. Dafür hätte ich lebenslang zur Fußpflege gekonnt.

Meine Kreditkarte fängt schon an, sich zu langweilen, und mein Konto wird direkt übermütig, so sparsam bin ich. Fazit: Liebe macht reich.

Ciao tesoro,
Rosanna amorosa

PS. Ist doch spitze, das mit Massimo. Er steht eben auf mütterliche Typen, und das ist doch letztlich ein Kompliment für Dich. Ödipussi läßt grüßen.

PPS. Die Slingpumps scheuern hinten ein ganz klein wenig. Waren leider nicht mehr in 38 da. Also habe ich 37 einhalb genommen. Vielleicht nehmen meine Füße auch ab ...
PPPS. Schon wieder ein Fax: »Metto il mio cuore nelle tue mani. Non farlo cadere.«

Bruschetta con pomodori
(Geröstetes Bauernbrot mit Tomaten)

6 Fleischtomaten
1 Knoblauchzehe
1/2 Bd. Basilikum
Salz
schwarzer Pfeffer aus der Mühle
6 Scheiben Bauernbrot
2 EL Olivenöl extra vergine

Tomaten mit heißem Wasser überbrühen, häuten, quer halbieren und mit einem Teelöffel Kerne und die Flüssigkeit entfernen. Die Tomatenhälften in kleine Würfel schneiden und in eine Schüssel geben.

Knoblauch mit etwas Salz und der Breitseite eines Küchenmessers zerdrücken, Basilikum waschen, abzupfen und die Blätter fein hacken. Zusammen mit dem Knoblauch zu den Tomatenwürfeln geben und mit Salz und Pfeffer abschmecken, Bauernbrot toasten oder unter dem Grill anrösten, Tomaten darauf verteilen. Zum Schluß Olivenöl darüberträufeln und sofort spachteln!

Tip: Wenn es richtig fix gehen soll, die Tomatenhälften einfach presto, presto mit der Hand zerdrücken. Dann schmecken sie noch besser und sehen so richtig rustikal aus! Dazu müssen die Tomaten aber richtig reif und saftig sein.

Dazu paßt: So ziemlich alles, was in Tassen und Gläser gefüllt werden kann! Salute!

Summa summarum: 7,20 Mark

28 Der Skorpionsex

Francoforte, 10. April, tempo di merda
Horoskop verspricht kosmische Energieschübe

Ciao bella,

ich habe meinem Mauro die Passage vorgelesen, in der Du Roberto beschrieben hast. Bitte sei nicht beleidigt, ich habe es nur gemacht, weil ich es dermaßen rührend fand, wie Du über ihn geschrieben hast. Seither nennt Mauro Deinen Roberto den »kahlen Zwerg, der bald unser Schwager wird«. Ich wollte Dich nur schon mal vorwarnen.

Männer untereinander sind doch wirklich das Letzte.

Ich habe insgesamt ein sehr gutes Gefühl für Euch. Certo. Auch astrologisch sehe ich keinerlei Probleme auf Euch zukommen. Du, Krebsfrau mit Aszendent Löwe, und er, Skorpion mit Aszendent Stier, ihr solltet an sich eine futura fantastica vor Euch haben. Ich habe in den einschlägigen Zeitschriften und Büchern nachgelesen. Hier die Zusammenfassung der wichtigsten Erkenntnisse:

»Sex mit einem Skorpion ist ein Mythos, ein Feuerwerk, das jedem einmal vergönnt sein sollte. (Neid, Neid, Neid!!)

Wenn der Skorpion liebt, dann mit allem temperamente. Halbe Sachen haßt er. Aqua o Champagne, dazwischen gibt's nichts für ihn. Aber attentione, Schwesterherz, der Skorpion kann extrem gefährlich werden. Wer ihn enttäuscht und sein Vertrauen verliert, büßt dafür lebenslang. Die Kombination Krebs und Skorpion ist laut Astrologen perfetto. Man sagt, zwischen diesen beiden Sternzeichen funkt es sofort oder nie. Krebs und Skorpion verbindet eine Art Seelenverwandtschaft. Va bene.

Apropos Verwandtschaft: Wäre es nicht herrlich, Du würdest Dir Miriam mal anschauen und Luigi trösten, der gerade wieder von irgendeiner Spätpubertierenden fertiggemacht worden ist? Du könntest doch Roberto mitbringen, und wir hätten Gelegenheit, uns gegenseitig mal zu beschnuppern. Um Dich zu locken: Ich mache meine «Scampi all'arancia» und selbstverständlich auch die «Panna cotta caramel». Ihr könntet in Massimos Zimmer schlafen, denn der Kerl ist sowieso nur noch selten zu Hause. Eine neue Matratze hat das Bett auch (Aldi, mit Spezial-Komfort-Kern für 119 Mark). Es wäre schön, wenn Ihr den Spezial-Komfort-Kern mal austesten würdet. Uns paßt es immer, und Ihr kriegt doch bestimmt billige Flüge, oder? Ihr habt, mit anderen Worten, keine Ausrede. Entschuldigungen unmöglich. Du kannst mich nicht ewig auf die Folter spannen, sorella piccola! Es wäre auch schon fast undankbar, wo Du Dein Glück quasi Mamma und mir verdankst und unserem »Trovare il principe«-Zauber. Und natürlich Aldi und den Nicky-Leggings.

Die Hessin in mir ruft:
»Mach Dich her, Schatzi, zeisch mer Dei Kerl!«

Gruß und Kuß von allen
Lucia

PS. Was sind eigentlich Reptilaugen?
PPS. Mauro war kurzzeitig deprimiert. Er hatte nach dem Gespräch mit Massimo den Eindruck, sein Sohn hat in gewissen Bereichen bald mehr drauf als er. Seitdem erlebt unser Liebesleben völlig neue Höhenflüge. Ich sage nur: kosmische Energien. Mauro kann una bomba sein, wenn er nur will. Der Ehrgeiz treibt ihn an. All das verdanke ich der älteren Frau an der Seite von Massimo. Miriam und er sind noch immer glücklich. Na denn.
PPPS. Ist der Sex mit einem Skorpion wirklich so ein Mythos??

Scampi all'arancia

(Scampis mit Orangenfilets)

500 g geschälte, rohe Riesengarnelen (TK)

2 EL Olivenöl extra vergine

50 g Orangenmarmelade

100 ml Orangensaft (frisch gepreßt)

1 EL Obstessig

Salz

Cayennepfeffer

schwarzer Pfeffer aus der Mühle

1 Knoblauchzehe

1 Bund Basilikum

1 El Zitronensaft

2 Orangen

Scampis kurz auftauen lassen, unter fließendem Wasser abwaschen und mit Haushaltspapier trockentupfen. 1 EL Olivenöl in der Pfanne erhitzen. Scampis eine Minute rundherum scharf anbraten und in zwei Minuten bei mittlerer Hitze fertiggaren. Für die Marinade: Marmelade in einem kleinen Topf erwärmen und durch ein Sieb streichen. Orangensaft und Obstessig hinzufügen, kurz aufkochen lassen. Vom Herd nehmen und würzen. Knoblauch schälen, mit der Knoblauchpresse zerkleinern und zur Marinade geben. Scampis mit dem heißen Orangenmix mischen. Basilikum waschen, Wasser abschütteln, Blätter zupfen und in Streifen schneiden. Einige Blätter zum Dekorieren zurückbehalten. Orangen gut schälen, häuten und in Schnitze teilen. Jetzt mit einem scharfen kleinen Messer die Filets aus der Haut herausschneiden. Anschließend mit den Basilikumstreifen unter die Scampis mischen. Mit Zitronensaft abschmecken und mit den restlichen Basilikumblättern garnieren.

Tip: An die Schnippelei mit den Orangenfilets setzt man am besten die ersten Gäste, gibt ihnen scharfe Küchenmesser und ein Glas Champagner vorab!

Summa summarum: 13,40 Mark

Panna cotta caramel

(Panna cotta mit Karamel)

1/2 l Schlagsahne

1/4 l Milch

60 g Zucker

1 Vanillestange

8 Blatt weiße Gelatine

Für die Karamelsauce:

120 g brauner Zucker

Gelatine nach Anweisung in kaltem Wasser einweichen. Sahne, Milch und Zucker auf kleiner Flamme ca. 15 Minuten kochen. Vanillemark herauslösen und mitkochen. Vom Feuer nehmen und kurz abkühlen lassen. Die ausgedrückte Gelatine in die warme Sahne geben und unter Rühren auflösen. Die Flüssigkeit in kalt ausgespülte Gefäße (Joghurtgläser oder Espressotassen) geben und am besten über Nacht im Kühlschrank steif werden lassen. Anderntags die Panna cotta mit einem spitzen Messer aus der Form lösen, evtl. kurz in heißes Wasser tauchen und stürzen. Für die Karamelsauce 120 g braunen Zucker in einem Topf schmelzen und bräunen lassen. Topf von der Kochstelle nehmen und 5-6 EL Wasser dazugeben. So lange rühren, bis sich der Karamel ganz gelöst hat. Vorsicht, heißer Topf! Abkühlen lassen und über die Panna cotta geben.

Tip: Panna cotta heißt soviel wie »Gekochte Milch« und schmeckt herrlich mit Honig oder frisch pürierten Beeren!

Summa summarum: 5,60 Mark

29 Das Schnarchen
Berlino, 28. April

Gewicht unbekannt und auch total egal

Cara Lucia,

Roberto ist doch ein wahrer, echter Mann, denn nach und nach stellt sich heraus: Auch er hat Macken. Die schlimmste zuerst: Er schnarcht. Richtig laut und heftig. Seine letzte Freundin Pia hat ihn deswegen verlassen. Sie wollte getrennte Schlafzimmer. Roberto nicht.

Gestern nacht, als ich eine Stunde lang wach lag, konnte ich sie ansatzweise verstehen. Hat Mauro nicht auch geschnarcht? Was hast Du gemacht? Sanftes Anstupsen zeigt dummerweise keine Wirkung!

Keine Sorge, ich will ihn auf jeden Fall behalten, denn wenn er wach ist, macht er dem Skorpion in sich alle Ehre und mir viel Freude.

Und nun ein echter Knaller: Grützke hat sich verlobt. Du erinnerst dich, der Hamsterpenis, der nur am Eßtisch wirklich Appetit zeigte! Für Deine »Wurstel con Crauti« hätte der Herr Referendar alles getan.

Jetzt muß Silke von nebenan sehen, wie sie ihn satt kriegt. Sie ist die Frau, die sich mit Grützke verlobt hat. Bisher hat sie mir gar nicht den Eindruck eines Opferlammes oder einer Frau mit Helfersyndrom gemacht. Ob er sie an ihr Meerschweinchen erinnert? Von der Ausstattung her. Wer weiß. Kennengelernt haben die beiden sich nicht etwa bei mir, sondern auf einem Seminar zum Thema: »Größe beginnt im Kopf«. Ich habe den beiden großherzig alles Gute gewünscht.

Gestern habe ich Frau »Arschmund« getroffen. Du weißt schon, die wandelnde Visitenkarte des Schönheitschirurgen: Frau Kranacher, die sich Eigenfett in die Lippen hat spritzen lassen. Sie ist höchst erstaunt. Darüber, daß ich trotz meines Specks einen so schönen Kerl abbekommen habe. Sie selbst läßt im Moment die Finger von den Männern. Keine Zeit. Sie muß soviel cremen und turnen, um den Status quo zu halten, da kann sie wertvolle Minuten nicht mit irgendwelchen Typen verplempern. »Und was ist mit, na Sie wissen schon, dem Sex?«, habe ich dann doch mal nachfragen müssen. »Laufen verbrennt mehr Kalorien«, war ihre Antwort. Aha.

Roberto und ich laufen übrigens jetzt zusammen. Eigentlich joggt er nicht, aber er meinte: »Ich liebe es, Deinen lauten Atem zu hören, denke dann an soviel Schönes.« Der Mann ist einfach incredibile. Koche ihm heute Deine »Zuppa di pesce«.

Ansonsten wenig Neuigkeiten in der Hauptstadt,
Abbraccio e bacio
Rosanna

PS. Achtung, Neugier: Auch Du kriegst Deine Befriedigung: Wir kommen geflogen! »Roberto-Besichtigung« wie erwünscht nächste Woche bei Euch! Er ist todesmutig und freut sich sogar! Ich sage doch, er ist ein Held! Mein Held! PPS. Hoffe, ihr mögt ihn auch. Bin aufgeregter als er.

PPPS. Schön für Dich, daß Mauro im Alter noch soviel Ehrgeiz entwickelt, daß gibt mir Hoffnung für mein Alter!

Wurstel con Crauti

(Sauerkraut mit Würstchen)
1 Dose (800 g) Weinsauerkraut
1 Zwiebel
3 Nelken
1 Lorbeerblatt
8 Wiener Würstl
1 Glas Weißwein (z. B. Orvieto classico)
Salz
schwarzer Pfeffer aus der Mühle

Sauerkraut in einen großen Topf geben, Wein angießen und auf kleiner Flamme erhitzen. Zwiebel schälen, halbieren und die Nelken an die Hälften stecken. Zusammen mit dem Lorbeerblatt ins Sauerkraut geben. Sowie das Kraut heiß ist, mit Salz und Pfeffer abschmecken, Würstchen dazugeben und ca.

20 Minuten mitköcheln lassen. Vor dem Servieren Lorbeerblatt und Zwiebel entfernen und das dampfende Kraut in einer großen Schüssel servieren.

Tip: Falls im Kühlschrank noch angebrochener Champagner steht: Keine Hemmungen, rein damit ins Kraut!

Dazu paßt: Kühler Weißwein wie Orvieto classico, DOCG, Italia, oder einfach mal ein Bier.

Summa summarum: 4,50 Mark

Zuppa di pesce piccante
(Scharfe Fischsuppe)

400 g Fischfilet, tiefgekühlt
1 Bund Frühlingszwiebeln
3 EL Olivenöl extra vergine
2 Paprikaschoten (rot und grün)
1/2 TL Salz
schwarzer Pfeffer aus der Mühle
1/8 l Weißwein (z.B. Pino Grigio)
3/4 l Gemüsebrühe (Instant)
1 EL Zitronensaft
1 EL Zucker
1 scharfe rote Chilischote
1 Strauß frische Kräuter (Majoran, Thymian, Lorbeer)

Fischfilets am Vorabend auftauen lassen. Abwaschen, mit Haushaltskrepp trockentupfen und in kleine Stücke schneiden. Knoblauch schälen und fein hacken. Frühlingszwiebeln waschen, putzen, in Ringe schneiden. Paprikaschoten waschen, Kerngehäuse entfernen, halbieren und in feine Streifen schneiden. Frühlingszwiebeln, Chilischote und Knoblauch im Olivenöl anbraten, Paprikastreifen dazugeben und mitdünsten. Mit Wein und Gemüsebrühe ablöschen. Kräutersträußchen dazugeben und 20 Minuten mitköcheln lassen. Am Ende der Kochzeit Zitronensaft und Zucker dazugeben und auf kleiner Flamme warmhalten. Fischfiletstücke in den Sud geben und in 8-10 Minuten garen. Fertig!

Tip: Zur Fischsuppe gibt's knusprige Crostini (S. 87) oder einfach in Olivenöl geröstete Weißbrotwürfel. Molto raffinato!

Dazu paßt: Der Wein, der schon im Kochtopf mit von der Partie war, immer auch ein Soave Classico oder Chablis, AC.

Summa summarum: 8,40 Mark ohne Vino

30 Der Glückwunsch

Francoforte, 12. Mai, o sole mio

Horoskop: Tutti a posto, Aszendent und Sternbild im Einklang, Harmoniehochphase

Complimenti Rosanna,

Du Angeberin, er ist nie im Leben 1,79 groß und hat nicht etwa eine lichte Stelle, sondern eine haarige Stelle auf dem Kopf. Dennoch – ich mag ihn. Nein, nicht nur weil er mein Essen so gelobt hat. (Aber auch!) Er ist einfach wunderbar und sieht noch dazu sehr erotisch aus. Und, bambina, er liebt Dich.

Wir alle sind molto contenti mit Deiner Wahl, und Mamma haben die Fotos von ihm auch sehr gefallen. Sie hat mich quasi gezwungen, sie ihr zu schicken (nicht schimpfen, bitte ...).

Stell Dir vor, Mamma und Papà wollen wirklich nach Berlino kommen, um ihn kennenzulernen. Ich hab ihnen gesagt, es könnte ernst werden, und da will Mamma natürlich mal einen richtig gründlichen Blick werfen. Sei unbesorgt, ich bin sicher, er wird sie in Nullkommanichts um den kleinen Finger wickeln.

Bin gespannt, wie seine Familie auf Dich reagiert. Zieh Deinen neuen schicken hausmausgrauen Hosenanzug von Pseudo-Armani an und dazu die Prada-Slingpumps, dann kann doch nicht viel schiefgehen. Mütter mögen es, wenn ihre Söhne ein bißchen rundliche Frauen lieben. Lobe auf alle Fälle ihr Essen!!

Du mußt mir nach dem Wochenende in Milano postwendend erzählen, wie sie sind.

Massimo hat sich mit seiner »alten« Miriam fast verlobt. Der Junge bleibt bei seiner Lehrmeisterin. »Sie mag nicht nur meinen Körper, sie mag sogar meinen Kopf«, schwärmt er und findet das selbst nahezu unglaublich. Du hast ja gesehen, wie verrückt er nach ihr ist, und ich muß sagen, wir mögen sie. Es hat Vorteile zu wissen, daß die potentielle Schwiegertochter ungefähr zeitgleich mit uns ins Seniorenheim übersiedeln wird.

Mauro ist mittlerweile begeistert von ihr. Wahrscheinlich weil die raffinierte Miriam ihm ständig sagt, was er für ein »maskuliner Typ« ist und daß sie hofft, »Massimo kommt nach seinem Vater«. Plumpe Schleimerei, die aber bei Mauro selbstverständlich ausgezeichnet ankommt. Männer lieben Komplimente, auch wenn sie total überzogen sind. Sie merken es ja nicht! Denk dran und amüsiere Dich weiterhin so gut,

Baci, baci,
Deine zufriedene Lucia

PS. Luigi ist sich nicht mehr sicher, ob er Frauen wirklich mag. Oder vielleicht doch eher Männer. Bin gespannt, wofür er sich entscheidet.
PPS. Oma Rinks Hund kann selbst bestellen. Er bellt das Wort: Stracciatella! Allerdings noch etwas undeutlich.
PPPS. Werdet Ihr Euch eigentlich vermehren?
PPPPS. Kann ich die Patentante sein?

PPPPPS. Kriegt die Kleine meinen Namen? PPPPPPS. Funktioniert das Nasenpflaster gegen das Schnarchen? Sonst kannst Du nur auf Altersschwerhörigkeit hoffen!

Brutti ma buoni

(Mandelplätzchen)

6 Eiweiß
600 g gemahlene Mandeln
500 g feiner Zucker
1 EL Butter
30 g Mehl

Das Eiweiß in einer Schüssel mit dem elektrischen Schneebesen nicht zu steif schlagen. Mandeln und Zucker unter die Masse heben, in eine hitzebeständige Form geben und mit einem Deckel verschließen. 20 Minuten im Wasserbad garen. Dazu die Schüssel in einen größeren Topf mit kochendem Wasser stellen und den Inhalt stocken lassen. Evtl. heißes Wasser nachgießen, es darf aber kein Wasser in die Schüssel gelangen. Schüssel herausnehmen und mit einem Eßlöffel walnußgroße Stücke abstechen. Auf ein bemehltes Backblech setzen und im vorgeheizten Backofen 45 Minuten bei 180 Grad backen, bis die Plätzchen goldgelb sind. Vor dem Servieren auskühlen lassen.

Summa summarum: 6,80 Mark

Cantuccini

(Toskanisches Mandelgebäck)

4 frische Eier
500 g Zucker
500 g Mehl
1 Prise Salz
1/2 TL Backpulver
250 g Mandeln
Backpapier

Eier in der Küchenmaschine dick und schaumig rühren, nach und nach den Zucker unterrühren. Mehl dazugeben, Salz und

Backpulver nicht vergessen! Mandeln mit einem Messer grob hacken und unter den Teig mischen. Den Teig mit bemehlten Händen rasch zu langen Strängen formen (Durchmesser ca. 3 cm). Die Rollen leicht flachdrücken. Auf Backpapier im vorgeheizten Ofen bei 150 Grad in ca. 8 Minuten hell backen. Backofen anlassen. Auskühlen lassen und vorsichtig schräg in ca. 1 cm dicke Scheiben schneiden. Auf dem Backpapier ausbreiten und wieder in den Ofen geben, bis die Cantuccini gebräunt sind. Auskühlen lassen. Frisch essen oder in einer gut schließenden Blechschachtel aufbewahren.

Tip: Eilige Schleckermäuler kaufen Cantuccini fix und fertig (Aldi) und tauchen das süchtig machende Gebäck in Vino Santo (leider nicht bei Aldi) oder in einen duftenden Cappuccino.

Summa summarum: 4,20 Mark

Gli »Fortunato« di Calabria

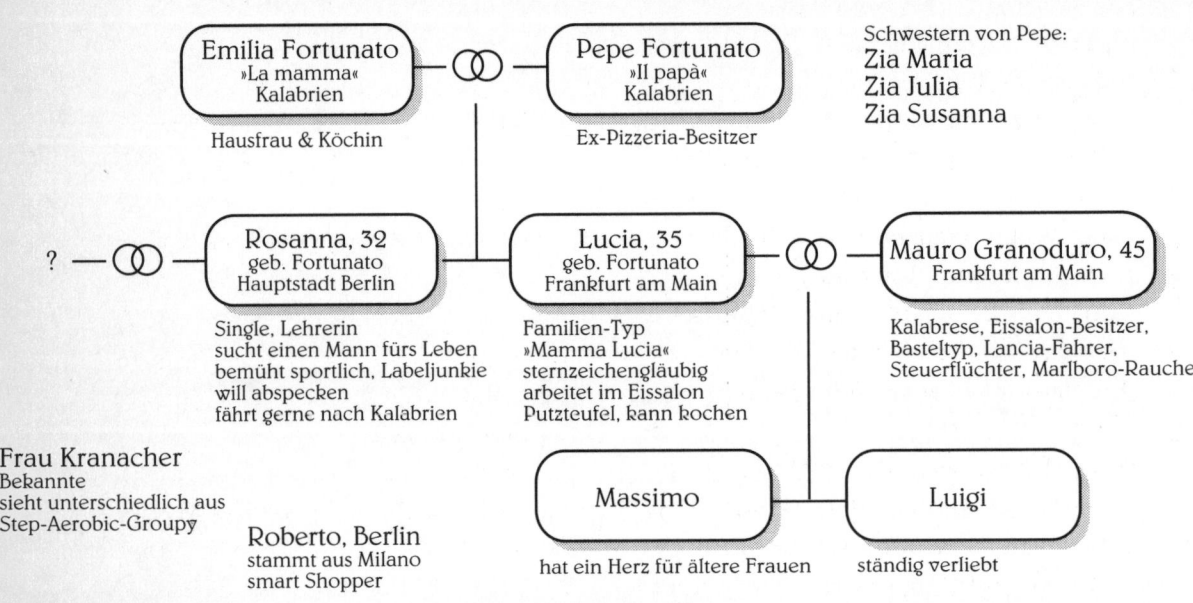

Emilia Fortunato
»La mamma«
Kalabrien

Hausfrau & Köchin

Pepe Fortunato
»Il papà«
Kalabrien

Ex-Pizzeria-Besitzer

Schwestern von Pepe:
Zia Maria
Zia Julia
Zia Susanna

? —

Rosanna, 32
geb. Fortunato
Hauptstadt Berlin

Single, Lehrerin
sucht einen Mann fürs Leben
bemüht sportlich, Labeljunkie
will abspecken
fährt gerne nach Kalabrien

Lucia, 35
geb. Fortunato
Frankfurt am Main

Familien-Typ
»Mamma Lucia«
sternzeichengläubig
arbeitet im Eissalon
Putzteufel, kann kochen

Mauro Granoduro, 45
Frankfurt am Main

Kalabrese, Eissalon-Besitzer,
Basteltyp, Lancia-Fahrer,
Steuerflüchter, Marlboro-Raucher

Frau Kranacher
Bekannte
sieht unterschiedlich aus
Step-Aerobic-Groupy

Roberto, Berlin
stammt aus Milano
smart Shopper

Massimo

hat ein Herz für ältere Frauen

Luigi

ständig verliebt

Volker Grützk, Berlin
Referendar
sieht aus wie Eros Ramazotti

Oma Rink & Rambo
Stammkunden im Eissalon

Capo Pompieri »Manfredo«
Stammkunde im Eissalon
macht einen Ausflug nach Berlin

**Albero Genealogico
Stammbaum: Fortunato**

La dispensa

(Die italienische Speisekammer)

Lust auf leckere Pizza, duftende Calzone, aromatische Focaccia oder göttliche Pasta? Essen ist ein Akt der Liebe, sagt Lucia und holt aus ihrer Speisekammer die verführerischen Zutaten, die man für die köstlichen Leckerbissen braucht. Es duftet herrlich nach Kräutern, Knoblauch, Käse und Tomaten. Denn für die italienischen Momente im Leben braucht man wenig, dafür aber die richtigen Ingredienzen.

☞ **Olivenöl:** Das flüssige Gold ist die Basis der italienischen Aromaküche. Sparsam verwendet, veredelt gutes Olivenöl gesunde Salate, knackiges Gemüse und Pasta-Saucen. Pizza, Pasta und Risotto verdanken ihren Original-Geschmack vor allem dem naturreinen Olivenöl (empfehlenswert: erste Pressung, extra vergine). Zum Braten und Frittieren eignen sich ebenso Butter oder Sonnenblumenöl. Olivenöl hat eine begrenzte Haltbarkeit. Trocken, kühl und dunkel gelagert, hält es sich am längsten. Aldi führt ein gutes italienisches Olivenöl, extra vergine, von Lorena.

☞ **Essig:** Sauer macht bekanntlich lustig: Saucen, Marinaden und Salate gelingen bestens mit Apfel- oder Weinessig. Aceto balsamico – die Krönung unter den Essigen, wird aus Trebbianotrauben hergestellt und zum Teil jahrelang in Holzfässern gelagert.

Guter Balsamico aus Italien schmeckt süßsäuerlich und hat eine tief dunkelbraune Farbe. (Einmal jährlich auch bei Aldi.) 1-2 Tropfen genügen für Salatsaucen, gebratenen Fisch oder gehobelten Parmesankäse.

☞ **Pasta:** Ob lang, kurz, dick oder dünn, mit oder ohne Ei, italienische Pasta besteht in aller Regel aus Hartweizengrieß und Wasser. Spaghetti,

Fusilli oder Tortellini in der Vorratskammer zu haben, ist nie verkehrt. Pasta ist das Beste, was die »Blitz-Küche« zu bieten hat. Die italienische Nudel ist flexibel, schmeckt mit Olivenöl und Knoblauch genauso gut wie mit raffinierten Saucen und weist – selbst wieder aufgewärmt – kulinarische Werte auf. Aldi führt Spaghetti, Fusilli (Spiralnudeln) und Tortellini (mit Rind- und Schweinefleischfüllung) in guter Qualität. Viele regionale und phantasievolle Pastasorten gibt's beim »Italiener« um die Ecke in großer Auswahl.

☞ Ciabatta: Das köstliche italienische Weißbrot wird aus gesalzenem Hefeteig und Olivenöl gebacken. Inzwischen wird es auch als Halbfertigprodukt hergestellt und kann im heimischen Backofen fertig gebacken werden. (Gibt's auch bei Aldi.)

☞ Reis: Der beste Risotto-Reis stammt natürlich aus Italien: Die Sorte »Carnaroli« ist der Rolls-Royce unter den Reis-Sorten. Gut schmeckt jedoch auch »Vialone nano«, und wenn alle Stricke reißen, bringt zur Not auch ein »Milchreis« (Aldi) alle Eigenschaften für ein wohlschmeckendes italienisches Risotto mit.

☞ Mehl: Zur Pasta-Herstellung eignet sich Weißmehl des Typs 405. Mehl muß trocken und kühl gelagert werden. Eine Mottenkontrolle im Sommer ist ratsam, sonst kriegen Vegetarier Probleme!

☞ Tomaten: Die roten »Paradiesäpfel« sind die Allrounder der Italo-Küche. »Sugo«, die italienische Sauce schlechthin, besteht zur Hälfte immer auch aus Tomaten. Fertig gewürzte Saucen mit getrocknetem Basilikum oder Oregano schmecken in der Regel streng und scharf. Deswegen: Tomaten einmachen, und ab damit in die Vorratskammer! Unerläßlich dafür sind saftige, gereifte Strauchtomaten oder kleinere, aromatische Sorten, die es ganzjährig überall gibt. Viel bequemer und passabel im Geschmack sind »tomati pelati«, die fertigen Büchsen.

☞ **Kräuter:** Rosmarin, Thymian, Basilikum, Minze und großblättrige Petersilie schmecken am besten frisch. Getrocknetes Oregano für Pizza geht, ohne bitter oder scharf zu schmecken.

☞ **Gewürze:** Schwarzer Pfeffer, Zimt, Nelken und Muskat sind die vier ältesten Gewürze in der italienischen Küche. Getrocknete Pilze, ganz oder in Pulverform, werden unter frische Pfifferlinge, Steinpilze oder Champignons gemischt und steigern das Aroma ganz beträchtlich.

☞ **Knoblauch und Zwiebeln:** Die frischen Edelwürzen sind ein »Muß« in der Speisekammer. Sie halten sich problemlos lange frisch.

☞ **Käse:** Käse verfeinert Pizze und Paste. Parmesan und Mozzarella gehören zum italienischen Essen wie der süße Senf zur bayerischen Weißwurst. »Parmigiano Reggiano«, der klassische Parmesan, ist ein würziger Hartkäse aus frischer, roher, teilentrahmter Kuhmilch. Er hält sich eingepackt über längere Zeit im Kühlschrank und schmeckt am besten frisch gerieben. Mozzarella aus Büffel- bzw. Kuhmilch (Aldi) bleibt im Kühlschrank einige Tage frisch.

☞ **Kaffee:** Italienischer Espresso (Aldi) sollte immer im Hause sein, denn ein leckeres italienisches Essen ohne schwarzen Kaffee oder Cappuccino am Ende ist einfach undenkbar.

☞ **Wein:** Ein paar Flaschen »rosso«, »rosato« oder »bianco« auf Vorrat zu haben, kann nicht schaden. Klassiker wie »Chianti«, »Rosato« und »Soave« führt der Discounter in passabler Qualität. Salute!

KÖCHELVERZEICHNIS